Université de Strasbourg

Verzeichnis der Abgüsse Griechischer- und Römischer Bildwerke

im Kunstarchäeologischen Institut

Université de Strasbourg

Verzeichnis der Abgüsse Griechischer- und Römischer Bildwerke
im Kunstarchäologischen Institut

ISBN/EAN: 9783743429697

Hergestellt in Europa, USA, Kanada, Australien, Japan

Cover: Foto ©Thomas Meinert / pixelio.de

Manufactured and distributed by brebook publishing software
(www.brebook.com)

Université de Strasbourg

Verzeichnis der Abgüsse Griechischer- und Römischer Bildwerke

VERZEICHNIS

DER

ABGÜSSE GRIECHISCHER UND RÖMISCHER

BILDWERKE

IM

KUNSTARCHÄOLOGISCHEN INSTITUT

DER

KAISER-WILHELMS-UNIVERSITÄT STRASSBURG

STRASSBURG
Verlag von Karl J. Trübner
1887

Die Kunst überhaupt, besonders aber die der Alten, lässt sich ohne Enthusiasmus weder fassen noch begreifen. Wer nicht mit Erstaunen und Bewunderung anfangen will, der findet nicht den Zugang in das innere Heiligthum.

GOETHE.

G. Otto's Hofbuchdruckerei in Darmstadt.

Die Abgusssammlung der Kaiser-Wilhelms-Universität, deren Verzeichnis hiermit dem Publikum dargeboten wird, wurde im Jahre 1872 mit Hilfe einer grösseren Summe begründet, deren Gewährung Seine Excellenz der Freiherr von Roggenbach auf meinen Antrag bei dem Reichskanzleramt erwirkte. Ein mässiger Jahresetat gieng daneben her. Zur Ergänzung der empfindlichsten Lücken und mit Rücksicht auf die unerwartet wichtigen Entdeckungen, die die Ausgrabungen der letzten fünfzehn Jahre der Archäologie gebracht haben, hat der bisherige Curator der Universität Herr Unterstaatssekretär Dr. Ledderhose zu wiederholten Malen ausserordentliche Bewilligungen theils aus seinem Dispositionsfonds gewährt, theils von dem Landesausschuss erlangt. Den beiden hochverehrten Männern sei auch an dieser Stelle der warme Dank ausgesprochen für die einsichtige und thatkräftige Förderung des Instituts und seiner Sammlungen, und damit der archäologischen Studien an unserer Universität.

Erst mit der Vollendung des neuen Universitätsgebäudes im Herbst 1884 konnte die Sammlung, die bis dahin in ganz unzulänglichen Räumen untergebracht war und zuletzt wegen Überfüllung dieser Magazine kaum noch benutzt werden konnte, eine angemessene Aufstellung erhalten. Sieben stattliche Räume nebst drei Gängen und einer Vorhalle, die zusammen eine Grundfläche von ungefähr 1300 Quadratmetern umfassen, in dem Hauptgeschoss des Universitätsgebäudes belegen, haben eine im Wesentlichen historische Anordnung der Sammlung gestattet. Nur in den für die archaische Kunst bestimmten Räumen hat die Überfülle neuerer Entdeckungen bewirkt, dass der Raum bereits etwas beengt ist und eine zweckmässige Zusammenstellung des Zusammen-

gehörigen sich nicht überall hat durchführen lassen. Die wenigen Originalstücke, meistens aus dem Nachlasse Karl Steinhäusers stammend, machen keinen weiteren Anspruch als sich beim Unterricht nützlich zu erweisen. Die Handbibliothek des Instituts, die in einem Zimmer neben dem kunsthistorischen Hörsaal den Studenten den ganzen Tag zur Verfügung steht, umfasst die hauptsächlichen archäologischen Zeitschriften, Museumspublicationen und Kataloge, Sammelwerke und eine Anzahl sonstiger besonders wichtiger Bücher. Mit einer Sammlung von Photographien ist erst der Anfang gemacht worden.

Da die ägyptische Kunst an unserer Universität in der Sammlung des Instituts für Aegyptologie besonders vertreten ist und eine Auswahl assyrischer Sculpturen sich noch nicht hat beschaffen lassen, ist das Museum zur Zeit auf die griechisch-römische Kunst beschränkt. Es ist mein Bestreben gewesen die einzelnen Perioden der griechischen Kunstentwickelung und innerhalb derselben die einzelnen Schulen und Richtungen möglichst gleichmässig zur Anschauung zu bringen, dabei aber den hervorragendsten Werken durch eine reichere Fülle von Probestücken die ihnen zukommende Stelle zu sichern. Bei dem fragmentarischen Charakter unserer Überlieferung von der antiken Kunst erscheint es nothwendig den Sinn des Beschauers überall auf das Ganze, auf den grossen Zusammenhang und den einheitlichen Gedanken, der einst diese Trümmer verlorener Schöne durchdrang und belebte, nachdrücklich hinzuweisen. So ist es gekommen, dass manches berühmte Einzelwerk in unserer Sammlung bisher fehlt, während die grossen monumentalen Compositionen der höchsten Blüthezeit schon durch Zahl und Umfang dem Beschauer als die rechten Eck- und Grundsteine des Baues der Kunstgeschichte entgegentreten.

Das vorliegende Verzeichnis beschränkt sich auf eine kurze Bezeichnung der einzelnen Stücke, mit Angabe ihrer Herkunft, ihres gegenwärtigen Aufbewahrungsortes und etwaniger früherer Besitzer, endlich ihres Materials. Wer der Sammlung ein eingehenderes Studium zu widmen wünscht, wird durch die einge-

klammerte Ziffer, die der Ordnungsnummer folgt, auf das zur
Einführung trefflich geeignete Buch von Friederichs und Wolters,
«die Gipsabgüsse antiker Bildwerke» (Berlin 1885), verwiesen. Die
vergleichende Tabelle auf S. 66 f. erleichtert den Benutzern dieses
Buches das Auffinden. Die gedrängten, dem Kundigen in ihrer
Kürze leicht verständlichen litterarischen Hinweise am Ende der
einzelnen Artikel beabsichtigen nur auf eine möglichst gute und
eine oder zwei möglichst leicht zugängliche Abbildungen hinzuweisen.
Zu letzterem Zwecke schienen die dritte Auflage von Overbecks
«Geschichte der griechischen Plastik» («Ovb.») und Baumeisters
«Denkmäler des klassischen Altertums» («Bm.») wegen der Menge
ihrer Abbildungen besonders geeignet.

Strassburg Mai 1887.

Ad. Michaelis.

Die Nummern 99. 117. 557. 608. 1327 sind zur Zeit der Ausgabe dieses
Verzeichnisses noch nicht eingetroffen.

VERZEICHNIS DER GÖNNER

DIE DEM MUSEUM ABGÜSSE GESCHENKT HABEN.

Seine Hoheit der regierende Herzog von Anhalt: No. 558.
Das kgl. italienische Cultusministerium: No. 620.
Sir Henry Acland, Professor in Oxford: No. 673.
Herr Geheimerath Fr. Adler in Berlin: No. 924*. 939* und 13 Münzen (No. 943*).
Herren Gebrüder Brockhaus in Leipzig: No. 541. 545.
Herr Geheimerath Prof. E. Curtius in Berlin: No. 814. 815.
Der verstorbene Graf Franz Eberhard zu Erbach-Erbach in Erbach: No. 593. 772.
Herr Stud. Friedr. Hauser in Strassburg: No. 600.
Der Earl of Leicester zu Holkham Hall: No. 574.
Herr Graf Solms-Laubach, Professor in Göttingen: No. 511.
Der verstorbene Professor Karl Steinhäuser in Karlsruhe: No. 796.
Herr Victor de Stuers im Haag: No. 1435.

I. ASSYRISCHER GANG.

Die Wände dieses Ganges sind bestimmt eine Anzahl von Proben assyrischer Reliefs aus Nimrud, Chorsabad und Kujundschik aufzunehmen, deren Beschaffung für später vorbehalten bleibt.

Ein Beispiel vorderasiatischer Reliefkunst bietet

41 Felsrelief eines Kriegers
> von Herodot (2, 106) für ein Bild des Sesostris (Ramses) erklärt. — In Karabel bei Nymphió, am alten Wege von Ephesos nach Phokäa in einer Felswand von Kalkstein. — Perrot Mémoires Taf. 1. Hist. IV, 748.

Auf einen Zusammenhang mit dem Osten weisen auch einige Reliefs von hochalterthümlichen Bauten Griechenlands:

46 (5) Bruchstück einer Deckplatte
> aus dem sog. Schatzhaus des Minyas in Orchomenos (Böotien). — Orchomenos. Grünlicher Kalkschiefer. — Schliemann Orchomenos Taf. 1. Lübke Kunstg. 10, 98.

47. 48. (2. 3) Bruchstücke der Thürrahmenverkleidung
> vom sog. Schatzhaus des Atreus in Mykenae. — Brit. Museum. Grüner, bezw. rother Stein. — Dodwell Class. Tour II, 232. Ant. of Ath. IV², 3. 4, 9 f.

50 (1) Relief vom Löwenthor in Mykenae.
> Mykenae. Harter gelblicher Kalkstein. — Arch. Zeit. 1865, 193. Ovb. I, 31. Bm. I, 321. II, 985.

II. ARCHAISCHER VORRAUM.

Dieser Raum enthält Werke alterthümlicher Kunst von der Westküste Kleinasiens und den Inseln des ägäischen Meeres, meistens aus Gegenden die von Ioniern bewohnt waren. Der grösste Theil der Sculpturen gehört dem sechsten und der ersten Hälfte des fünften Jahrhunderts an.

52 (6) **Sitzbild des Chares, Herrn von Teichiusa.**
: Weihgeschenk desselben an Apollon. Von der heiligen Strasse, die vom Hafen Panormos zum Apollontempel (Didymäon) bei Milet führte. — Brit. Museum. Marmor. — Rayet und Thomas Milet 25. Ovb. I, 94.

53 **Weibliche Gesichtsmaske, Bruchstück.**
: Vom Didymäon bei Milet. — Brit. Museum. Marmor.

56 **Weibliche Statue (Hera?).**
: Weihgeschenk des Cheramyes an Hera. Aus Samos, beim Heräon. — Louvre. Marmor. — Bull. Hell. 1880, 13 f.

57 **Metrologisches Relief.**
: Darstellung einer samischen Klafter und eines attischen (phönikischen?) Fusses. Aus Samos? — Oxford 83. — Journ. Hell. Stud. 1883 Taf. 35.

60 (34) **Agamemnon mit Talthybios und Epeios.**
: Reliefbruchstück von Samothrake. — Louvre. Marmor. — Millingen Anc. Uned. Mon. II, 1. Ovb. I, 100. (An No. 52 befestigt.)

61 **Männlicher Unterkörper.**

62 **Mittlerer Theil einer bekleideten Figur.**

63 **Weiblicher Kopf.**

64 **Untertheil eines weiblichen Kopfes.**
: Diese vier Bruchstücke stammen aus dem alten Artemistempel in Ephesos und rühren zum Theil von den Säulen desselben her. — Brit. Museum. Marmor. — 61—63 Murray Hist. I, 111 ff.

II. ARCHAISCHER VORRAUM.

65 (127—130) Sog. Harpyienmonument.
Von einem Familiengrabe in Xanthos, der Hauptstadt Lykiens. — Brit. Museum. Marmor. — Rayet Mon. 13 ff. Ovb. I, 171. Bm. I, 345 f.
(Daran befestigt:

66 (240) Sitzender Mann.
Vermuthlich ein heroisierter Verstorbener. — Von den Inseln? — Ince Blundell Hall 259. Marmor. — Arch. Zeit. 1874, 5.)

67 (131—134) Grabprocession.
Von einem Grabe zu Xanthos. — Brit. Museum. Gelblicher Kalkstein. — Prachov Mon. Xanth. 3.

71 Bruchstück eines Kopfes.
72 Bruchstück eines bärtigen Kopfes.
73 Weiblicher Kopf.
74 Männlicher Kopf.
75 Weiblicher Oberkörper.
76 Desgleichen mit räthselhaftem Attribut.
77 Torso einer weiblichen Statue.
Sämmtlich aus Delos. — Mykonos. Marmor. — Bull. Hell. 1879, 2. 3 (77). 8 (73). 9 (74). 1881, 11 (72).

78 Weibliche Statue (Artemis?).
Weihgeschenk der Nikandre von Naxos an Artemis. — Aus Delos. — Athen. Marmor. — Bull. Hell. 1879, 1.

79 Geflügelte weibliche Statue (Nike?).
80 Künstlerinschrift des Mikkiades und Archermos.
Vielleicht zusammengehörig. — Aus Delos. — Athen. Marmor. — Bull. Hell. 1879, 6. 7. Loewy 1.

83 Weiblicher Torso.
Louvre (Abbaye de Montmartre, Bibl. Mazarine). Marmor.

84 (8) Epistylblock von einem Tempel in Assos.
Gelage. Aus Assos. — Louvre. Trachyt. — Mon. d. Inst. III, 34. Ovb. I, 99, d. Bm. I, 327.

88 Apollon und Nymphen, Hermes und Chariten.
Aus Thasos. — Louvre. Marmor. — Rayet Mon. 20. 21. Ovb. I, 167. Bm. I, 344.

89 (36) Grabstele der Philis.
Aus Thasos. — Louvre. Marmor. — Froehner Mus. de France 39. Annali 1872, L

II. ARCHAISCHER VORRAUM.

90 (21) Grabstele eines Mannes.
Neapel. Marmor. — Rayet Mon. 19.

91 (20) Grabstele eines Landmannes, von Alxenor von Naxos.
Aus Orchomenos. — Athen, Centralm. 8. Grauer M. — Ovb. I, 166. Loewy 7.

92 (35) Bruchstück einer Grabstele.
Aus Abdera. — Athen, Centralm. 21. Marmor. — Bull. Hell. 1880, 8. Bm. I, 342.

94 Grabstele einer Frau.
Aus Rom. — Rom, Conservatorenpalast. Pentel. (?) Marmor. — Bull. comun. 1881, 14.

95 (241) Grabstele eines Mädchens.
Von den Inseln? — Venedig, Pal. Giustiniani alle Zattere. Parischer M. — Furtwängler Samml. Sab. I S. 7.

Die folgenden Stücke stammen von dorischen Inseln:

97 (89) Männliche Statue («Strangfordscher Apollon»).
Aus Anaphe? — Brit. Museum (Strangford). Marmor. — Mon. d. Inst. IX, 41.

98 (14) Männliche Statue («Apollon von Thera»).
Aus Thera. — Athen, Centralm. 1. — Ovb. I, 89.

In dem Glaskasten am Fenster:

99 Bruchstück mit eingezeichnetem Delphin und Künstlerinschrift (...mon).
Aus Eremopolis in Kreta. — Cambridge 13 Marmor. — Spratt Crete II, 1, 20.

100 84 sog. Inselsteine.
Sehr alterthümliche Erzeugnisse der Steinschneidekunst auf den griechischen Inseln. — Brit. Museum.

Reliefs von Melos s. Arch. Saal No. 184 ff.

III. ARCHAISCHER SAAL.

Dieser und der folgende Saal enthalten Werke der alterthümlichen Kunst aus dem europäischen Griechenland und Italien. Ist auch die Anordnung im Allgemeinen mit Rücksicht auf die Perioden des frühen und des reifen Archaismus getroffen worden, so haben doch räumliche Gründe mehrfach dazu genöthigt von dieser Scheidung abzusehen, sowie hie und da Zusammengehöriges zu trennen.

Rechts von der Thür: Nordgriechenland.

101 (44) **Grabstein des Dermys und Kitylos.**
Von Amphalkes errichtet. Aus Tanagra. — Ebenda. Marmor. — Athen. Mitth. 1878, 14.

102 (43) **Männliche Statue («Apollon von Orchomenos»).**
Aus Orchomenos. — Athen, Centralm. 4. Marmor. — Bull. Hell. 1881, 4. Ovb. I, 88.

104 **Männlicher Torso («Apollon»).**
Aus Actium. — Louvre. Marmor. — Gaz. arch. 1886, 29, 1.

105 **Ähnlicher Torso.**
Aus Actium. — Louvre. Marmor. — Gaz. arch. 1886, 29, 2.

107 (47) **Grabstele des Gathon und Aristokrates.**
Aus Thespiae. — Athen, Centralm. 9. Marmor. — Athen. Mitth. 1878, 15.
Ein hierher gehöriges Relief aus Pharsalos s. unter No. 201.

Aus anderen Orten:

109 (49) **Grabstatue eines Jünglings («Apollon von Tenea»).**
Aus Tenea. — München 41. Marmor. — Mon. d. Inst. IV, 44. Ovb. I, 91. Bm. I, 328.

110 **Kopf von einer ähnlichen Statue.**
Brit. Museum (Elgin). Marmor. — Anc. Marbl. IX, 40, 4.

III. ARCHAISCHER SAAL.

111 Jünglingskopf.
Berlin 536 (Venedig). Parischer M.

In der oberen Reihe:

112 Hermenkopf des bärtigen Hermes.
Aus der Villa Hadrians. — Brit. Museum (Townley). Pentel. M. — Anc. Marbl. II, 19. Bm. I, 674.

113 (231) Portraitbüste («Pherekydes»).
Aus Tivoli. Mit falscher Inschrift. — Madrid 176 (Azara). Marmor. — Ovb. I, 185.

114 Männlicher Portraitkopf.
Von den griechischen Inseln? — Berlin 309 (Saburoff). Schwarzer Granit. — Furtwängler Samml. Sab. 45.

115 Bärtiger Portraitkopf.
Aus Athen oder Aegina. — Berlin 308 (Saburoff). Parischer M. — Furtwängler Samml. Sab. 3. 4.

116 Hermenbüste des bärtigen Dionysos.
Aus Attika. — München 51. Parischer M. — Guattani Mem. encicl. V zu S. 139.

117 Jugendlicher Portraitkopf.
Aus Attika. — Kopenhagen, Jacobsen (Rayet). Parischer M. — Mon. grecs 1877, 1.

118 (316) Kopf eines behelmten Kriegers («Epcrastos»).
Aus Olympia. — Olympia. Marmor. — Funde 22.

119 (232) Hermenbüste eines Feldherrn.
München 40 (Dodwell). Parischer M.

Links von der Eingangsthür beginnt die Reihe der aus dem Peloponnes und dem dorischen Westen stammenden Werke.

122—124 (69 ff.) Drei Statuen aus dem Ostgiebel des Athenatempels in Aegina.
Der Ostgiebel stellte den Kampf des Telamon und Herakles gegen Laomedon dar. Die beiden Verwundeten aus der Südecke und aus der Mitte, und Herakles aus der nördlichen Hälfte des Giebels. — Aus Aegina. — München 54. 55. 57. Parischer M. — Müller-Wieseler I, 8 B, m. n. Rayet Mon. 25. Bm. I, 335 f. — Die übrigen Giebelstatuen s. im Aeginetensaal No. 241 ff.

III. ARCHAISCHER SAAL.

125 (294 f.) **Giebelgruppe vom Schatzhaus der Megareer in Olympia.**
Gigantenkampf. — Aus Olympia. — Olympia. Kalkstein. — Ausgr. IV, 18. 19. Bm. II, 1083.

128 (245 ff.) **Gruppe des Ostgiebels vom Zeustempel in Olympia.**
Das bevorstehende Wettrennen von Pelops und Oenomaos. — Verkleinerter Wiederherstellungsversuch von Grüttner. — Funde Taf. 6 f. Vgl. Ovb. I zu S. 420. Bm. II, Taf. 27.

133—137 (245 ff.) **Fünf Statuen aus demselben Giebel.**
Der Alpheios aus der südlichen und der Kladeos aus der nördlichen Ecke, dazu der knieende Jüngling, der sitzende Greis und der hockende Knabe. — Aus Olympia. — Olympia. Marmor. — Funde Taf. 8. 9. Bm. II, 1076 f.
Den Westgiebel s. im Aeginetensaal No. 256 ff.

In der Ecke am Fenster links:

141 **Kolossalkopf einer Göttin (Aphrodite?).**
Herkunft unbekannt, Sicilien? — Rom, Villa Ludovisi 23. Marmor. — Mon. d. Inst. X, 1. Bm. I, 337.

142 (150) **Herakles und die Kerkopen.**
143 (149) **Perseus und die Medusa.**
Metopen vom mittleren Burgtempel in Selinus. — Palermo. Tufstein. — Benndorf Metopen 2. 1. Ovb. I. 80. Bm. I, 330.

146 (93) **Gorgoneion, Stirnziegel von einem Gebäude.**
Bemalt in den Farben des Originals. — Von Athen, Akropolis· — Athen, Akropolismuseum. Thon. — Laborde Parthénon, Titelbl· Bm. II, 909.

An dem gleichen Gestell: peloponnesische Werke.

148 (55) **Vierseitige Stele.**
Wahrscheinlich Menelaos und Helena, Zeus und Alkmene. — Aus Sparta. — Sparta 6. Bläulicher M. — Löschcke de basi Spart., Tafel. Ovb. I, 83. Bm. I, 328.

149 (58) **Grabrelief eines heroisierten Ehepaares.**
Aus Chrysapha in Lakonien. — Berlin 731 (Saburoff). Blaugrauer M. — Furtwängler Samml. Sab. 1. Ovb. I, 85, a. Bm. I, 329.

150 (60) **Desgleichen.**
Aus Sparta. — Sparta 12. Blauer M. — Athen. Mitth. 1877, 24. Ovb. I, 85, b.

III. ARCHAISCHER SAAL.

151 (61) Desgleichen.
Aus Sparta. — Sparta 10. Marmor. — Athen. Mitth. 1877, 23.

152 (63) Grabrelief eines heroisierten Mannes (Timokles).
Aus Sparta. — Dimitzana 5. Marmor. — Athen. Mitth. 1879, 8, 1.

154 (66) Relief eines Mädchens mit Blume.
Aus Sparta. — Sparta 16. Marmor. — Athen. Mitth. 1877, 25.

156 (54) Grabrelief einer Familie (sog. Todtenmahl).
Aus Tegea. — Athen, arch. Ges. 3090. Marmor. — Athen. Mitth. 1879, 7. — Zur Darstellung vgl. Gräbergang No. 1408 ff.

158 Weihrelief der Polystrata an Artemis.
Aus Argos. — Berlin 682. Harter Kalkstein. — Revue arch. II, (1846), 44.

159 (50) Weihrelief an die Eumeniden.
Aus Hag. Joannes bei Argos. — Argos 498. Harter Kalkstein. — Athen. Mitth. 1879, 10, 1.

162 Grabstele einer Frau.
Aus Rom, Esquilin. — Rom, Conservatorenpalast. Parischer M. — Bull. comun. 1883, 13 f.

165 (337) Erzrelief mit Figurenstreifen.
Aus Olympia. — Olympia. — Funde 25. Lübke Plastik I³, 95.

166 (338) Herakles als Bogenschütze, Erzrelief.
Aus Olympia. — Olympia. — Ausgr. IV, 20 a. Funde 26, 1.

168 (365) Greifenkopf von einem Erzgeräth.
Aus Olympia. — Olympia. Erz. — Funde 26, 2.

117 (311) Kopf des Zeus.
Aus Olympia. — Olympia. Erz. — Funde 24. Bm. II, 1076.

173 (307) Kolossalkopf der Hera aus dem Heräon in Olympia.
Aus Olympia. — Olympia. Weicher Kalkstein. — Ausgr. IV, 16. 17. Bm. II, 1087.

175 Weiblicher Kopf (Aphrodite?).
Aus Kythera. — Berlin, Antiquarium. Erz. — Arch. Zeit. 1876, 3. 4.

Im Glaskasten am Fenster:

177 (340) Silberplatte mit eingepressten Ornamenten.
Aus Olympia. — Olympia. — Curtius Abh. Berl. Akad. 1879, 12.

178—180 (341 ff.) Bruchstücke von Erzreliefs argivischer Arbeit.
Prometheus; Herakles und Geras; Gorgo; Herakles und Meergreis. Priamos bei Achill. Knabe zu Ross. — Aus Olympia. — Olympia. — Ausgr. IV, 25 B.

III. ARCHAISCHER SAAL.

In demselben Kasten haben einige Thonreliefs aus Melos Platz gefunden, die dem Fundort nach in den Vorraum gehören würden:

184 Bellerophon und die Chimära.
185 Perseus und die Medusa.
    Beide Brit. Museum. — Millingen Anc. Mon. II, 3. 2. Ovb. I, 162. Bm. I, 301. II, 1290.
186 Kalydonische Eberjagd.
    Berlin, Antiquarium (Ross). — Sächs. Ber. 1848 zu S. 123.
187 Leierspielerin und Mann («Sappho und Alkäos»).
    Brit. Museum (Borrell). — Abh. sächs. Ges. VIII, 2, 2. Ovb. I, 162.

Das nächste Gestell enthält altattische Reliefs.

191 Zwei Bruchstücke von der Grabstele eines Kriegers.
    Aus der Umgegend Athens. — Athen. Centralm. 6. 6, 1. Parischer M. — Arch. Zeit. 1860, 135, 2.
192. 193 (101) Grabstele Aristions, von Aristokles gearbeitet.
    192 mit den Farbresten des Originals, 193 weiss. Darunter die Inschrift mit dem Namen des Verstorbenen (Loewy 10). — Aus dem östlichen Attika (Belanidéza). — Athen, Centralm. 3361. Parischer M. — Ovb. I, 150.
194 Bruchstück einer ähnlichen Stele.
    Sockelrelief eines Reiters. — Aus Rom. — Rom, Baracco. Par. M.
195 (100) Desgleichen.
    Unterschenkel. — Aus der themistokleischen Mauer in Athen. — Athen, arch. Ges. 2905. Parischer M. — Abh. Berl. Akad. 1873.
197 (119) Bruchstücke des Reliefs eines Speerwerfers.
    Aus Athen. — Athen, Privatbesitz. Pentel. M. — Annali 1875, P.
199 Bruchstück einer Grabstele.
    Kopf und Speer. — Aus Athen. — Berlin 733 (Finlay, Saburoff). Parischer M. — Furtwängler Samml. Sab. 2.
200 (99) Desgleichen.
    Kopf eines Jünglings mit Wurfscheibe. — Aus Athen, zusammen mit No. 195 gefunden. — Athen, arch. Ges. 2904. Parischer M. — Abh. Berl. Akad. 1873. Ovb. I, 152.
201 (41) Desgleichen (nicht attisch).
    Zwei Frauen mit Blumen. — Aus Pharsalos. — Louvre. Parischer M. — Rayet Mon. 12. Ovb. I, 156. Bm. I, 343.

III. ARCHAISCHER SAAL.

202 (102) Bruchstück eines Reliefs.
Sitzende Frau (Göttin?) und Mädchen. — Aus Athen. — Athen, Centralm. 17. Par. M. — Bull. Hell. 1880, 6. Schoene Rel. 29, 122.

204 (97) Relief der sog. wagenbesteigenden Frau.
Aus Athen, Akropolis. — Athen, Akr. 5039. Parischer M. — Ovb. I, 153. Bm. I, 342.

205 (96) Reliefbruchstück: Oberkörper eines bärtigen Mannes (Hermes?).
Vermuthlich zu No. 204 gehörig. Ebendaher. — Ebenda 5040. Parischer M. — Mem. d. Inst. II, 13.

207 (439) Reliefbruchstück: Rückzug vom Kampf (archaistisch).
Aus Athen. — Athen, Panagía Gorgopikó. Marmor. — Lebas Voy. arch. 7.

Im Glaskasten am Fenster:

209 (120) Geburt des Erichthonios.
Aus Athen. — Berlin, Antiquarium. Thon. — Arch. Zeit. 1872, 63. Bm. I, 492.

210 40 Abgüsse athenischer Tetradrachmen.
Meistens nach Exemplaren der Münzsammlung in Athen. 1—17 aus der Zeit bis Perikles, 18—25 bis Philipp II., 26—40 bis in die Römerzeit.

211 Sitzende Athena, vielleicht ein Werk des Endoios.
Aus Athen, Akropolis. — Athen, Akr. 5002. Parischer M. — Ovb. I, 146. Bm. I, 339.

214 (109) Kalbträger.
Aus Athen, Akropolis. — Athen. Akr. 5005. Parischer M. — Ovb. I, 148.

215 Büste von einer Statue (Apollon?).
Weihgeschenk an Athena. Nicht attisch. Aus Piombino. — Louvre. Erz. — Rayet und Thomas Milet 29. Ovb. I, 179.

218 (238) Verwundete Amazone (Penthesileia?).
Wien 162. Marmor. — Sacken Sculpt. 1. Ovb. I. 183.

220 (106) Kopf der Athena.
Von der Mittelfigur der Giebelgruppe (Gigantenkampf?) eines Tempels auf der Akropolis zu Athen. — Athen, Akr. 5004. Par. M. — Mitchell Hist. S. 214. Bm. I, 338. Ath. Mitth. 1887 zu S. 187.

III. ARCHAISCHER SAAL.

Die folgenden vier Stücke gehören verschiedenen Arten der alterthümelnden (archaistischen) Kunst an.

224 (440) Herakles und die Hindin.
    Brit. Mus., Gr.-R. I, 144 (Townley). Marmor. — Anc. M. II, 7. Müller-Wieseler I, 14, 49.

226 (418 f.) Hermes Kriophoros und Aphrodite.
    Bruchstück eines Marmoraltars. — Aus Athen. — Athen, Centralm. 20. — Ann. 1869, K. Ovb. I, 219. Bm. II, 773.

229 (445) Torso der Athena.
    Nachbildung der athenischen Polias. — Rom, Villa Albani 970. Carrar. M. — Müller-Wieseler I, 9, 34.

230 (444) Dresdener Polias.
    Desgleichen. — Dresden 61 (Chigi). Marmor. — Augusteum 9. 10. 155. Ovb. I, 195. Bm. I, 348.

Im Durchgang zum folgenden Saal:

235 (211) Grabstatue («Penelope»).
    Vatican 261. Parischer M. — R. Rochette Mon. inéd. 32, 1. Bm. II, 1037.

236 Anderes Exemplar derselben Statue.
    Vatican, M. Chiaram. 730. Parischer M. — Thiersch Epochen 2.

237 Kopf von einem dritten Exemplar.
    Aus Rom. — Berlin 603. Parischer M.

IV. AEGINETENSAAL.

Die Bildwerke dieses Oberlichtsaales gehören sämmtlich den letzten Entwickelungsstufen des alterthümlichen Stils an und stammen aus dem fünften Jahrhundert.

241—252 (69 ff.) Die Gruppe aus dem Westgiebel des Athenatempels in Aegina.

> Aias und Teukros im Kampfe gegen Troia. Die linke Hälfte zeigt die Aufstellung nach Friederichs und Brunn, die rechte diejenige nach der Anordnung von Konr. Lange, mit Zuhilfenahme des Zugreifenden und des einen Vorkämpfers aus dem Ostgiebel. Vgl. Arch. Saal No. 122 ff. — Aus Aegina. — München 59—68 und 56. 58. Parischer M. — Ovb. I zu S. 128.

253 (86) Dorisches Kapitell aus dem Inneren des Athenatempels in Aegina.

> Aus Aegina. — München 73. Gelblicher Kalkstein.

256 Westgiebel des Zeustempels in Olympia.

> Kampf der Lapithen und der Kentauren. Verkleinerte Restaurationsskizze von Grüttner. — Vgl. Murray Hist. II, 12. Ovb. I zu S. 420. Bm. II Taf. 27.

257 (260 ff.) Mittelgruppe desselben Giebels.

> Apollon inmitten zweier Kentaurengruppen, links Peirithoos, rechts Theseus. — Aus Olympia. — Olympia. Marmor. — Funde 12 f. 15. Bm. II, 1078.

258 Kopf des Peirithoos aus demselben Giebel.

> Funde 14 a. Bm. II, 1079.

266—269 (271 ff.) Metopen vom Zeustempel in Olympia.

> 266 (273) Herakles und Athena von der Stymphalidenmetope (Opisthodom).
> 267 (271) Herakles und der kretische Stier (Opisthodom).
> 268 (280) Herakles und Atlas (Pronaos).
> 269 (281) Athene von der Augeiasmetope (Pronaos).
> Aus Olympia. — Olympia und Louvre. Marmor. — Ausgr. V, 17. I, 26. II, 26, 1. Funde 20. 21. Ovb. I, 442. 443. 445. Bm. II, 1080 f.

IV. AEGINETENSAAL.

270 (214) Weiblicher Kopf.
Madrid, Alba 571. Marmor. — Journ. Hell. Stud. 1884 Taf. 45.

271 (212) Sog. Hestia Giustiniani.
Rom, Mus. Torlonia 490 (Giustiniani). Parischer M. — Braun Kunstmyth. 33. Bm. I, 689.

272 (213) Wettläuferin von dem olympischen Herafest.
Vatican 222 (Barberini). Marmor. — Mus. PClem. III, 27.

273 (88) Jugendlicher Kopf.
Rom, Baracco M.-D. 1695. Marmor.

275 (219 f.) Jüngling (Apollon) auf dem (nicht zugehörigen) Omphalos.
Aus dem Dionysostheater in Athen. — Athen, Centralmus. 291. Pentel. M. — Conze Beiträge 3—5.

276 (221) Ähnliche Statue.
Aus Griechenland. — Brit. Museum (Choiseul-Gouffier). Parischer M. — Journ. Hell. Stud. 1880 Taf. 4.

277 Kopf von einer ähnlichen Statue.
Aus Kyrene. — Brit. Museum. Marmor. — Murray Hist. I, 190.

279 (228) Apollonkopf.
Aus Rom. — Brit. Museum (Cawdor, Townley). Pentel. M. — Anc. Marbl. III, 4. Ovb. I, 109.

280 (224) Apollonkopf.
Aus Rom. Esquilin. — Rom, Baracco M.-D. 234 a. Marmor. — Mon. d. Inst. XI, 16, 1. 2.

284. 285 (121. 122) Gruppe der Tyrannenmörder Harmodios und Aristogeiton, nach Antenor oder nach Kritios und Nesiotes.
Aus Rom. — Neapel (Farnese). Parischer M. Aristogeiton durch den Kopf No. 113 ergänzt. — Ovb. I zu S. 120. Bm. I, 340.

286. 287 Die Tyrannenmörder. — Theseus und die Amazone.
Reliefs von einem Marmorsessel. Aus Athen. — Broom Hall. 5. Pentel. M. — Journ. Hell. Stud. 1884 Taf. 48. Stackelberg Gräber S. 35. Ovb. I, 119.

288 (462) Jüngling, sich salbend.
Aus Rom. — München 165 (Camuccini). Pentel. M. — Mon. d. Inst. XI. 7. — Vgl. Gang der Hera No. 1396.

IV. AEGINETENSAAL.

290 (454) Marsyas, nach Myron.
Aus Rom, Esquilin. — Lateran 225. Marmor. — Rayet Mon. 33. Ovb. I, 208 a. Bm. II, 1002.

291 (455) Kopf von einer Replik derselben Statue.
Rom, Baracco M.-D. 451. Marmor.

292 (456) Marsyas und Athena.
Relief von einer Marmorvase. Aus Athen. — Athen, Centralmus. 297 (Finlay). Pentel. M. — Arch. Zeitg. 1874, 8. Ovb. I, 208 c.

294 (452) Diskoswerfer nach Myron.
Von der Via Appia bei Rom. — Brit. Mus., Gr.-R. I, 135 (Townley). Pentel. M. — Anc. Marbl. XI, 44. Vgl. Ovb. I, 214. Bm. II, 1003.

295 (453) Replik derselben Statue.
München, Antiquarium 357. Erz.

296 (459) Jünglingskopf von myronischem Charakter.
Aus Neapel. — Ince Blundell Hall 154. Pentel. M. — Arch. Zeit. 1874, 3.

298 Oberkörper von einer Herme (Diskoswerfer?)
Rom, Villa Ludovisi 8. Pentel. M. — Mon. d. Inst. X, 57, 1.

300 (215) Dornauszieher.
Rom, Conservatorenpalast. Erz. — Rayet Mon. 35. Annali 1874, M.

V. PARTHENONSAAL.

Dieser Oberlichtsaal ist der monumentalen Sculptur Athens im perikleischen Zeitalter gewidmet.

In der Mitte des Saales:

301 Modell der Akropolis.
Von Ed. von der Launitz 1867 angefertigt. Dabei ein Plan der Akropolis.

In der Nähe an der Wand:

302 (481) Hermenkopf des Perikles, wahrscheinlich nach Kresilas.
Aus Tivoli. — Brit. Museum (G. Hamilton, Townley). Marmor. — Anc. Marbl. II, 32.

303 Desgleichen.
Aus Tivoli. — Vatican 525. Marmor. — Visconti Iconogr Gr. I, 15.

Weitaus die meisten Abgüsse dieses Saales rühren vom Parthenon her, dem Meisterbau des Iktinos, der nach Phidias Entwürfen mit Sculpturen geschmückt war. Das Material ist durchweg pentelischer Marmor.

304 (741) Löwenkopf (Wasserspeier) vom Dachrande des Tempels.
Am Parthenon. — Laborde Parthénon 45. Michaelis Parth. 2, 9.

308 (467) Statuette der Athena Parthenos, nach Phidias.
Aus Athen. — Athen, Centralmuseum. Pentel. M. mit Farbspuren. — Athen. Mitth. 1881, 1. 2. Bm. II, 1315.

309 (466) Kleinere Replik derselben Statue.
Aus Athen. — Athen. Centralmus. 3730. Pentel. M. — Michaelis Parth. 15, 1. Ovb. I, 253. Bm. II, 1313.

V. PARTHENONSAAL.

310 (471) Bruchstück vom Schilde der Parthenos.
Aus Athen. — Brit. Mus., Parth. Misc. 1 (Strangford). Pentel. M. mit Farbspuren. — Conze Athenastatue, Tafel. Michaelis 15, 34. Ovb. I, 255. Bm. I, 62.

Die folgenden attischen Reliefs, sämmtlich aus Athen und von pentelischem Marmor, enthalten mehr oder weniger freie Nachbildungen der Parthenos.

315 (1129) Schweineopfer an Athena.
Weihrelief. Athen, Akr. 6712. — Lebas Voy. 46. Michaelis 15, 17.

316 (1172) Athena und Gott (Hephästos? Asklepios?).
Urkundenrelief. — Athen Akr. 7012. — Schoene Rel. 12, 62. Michaelis 15, 6.

317 (1167) Athena und Verehrer, mit Schildträger.
Urkundenrelief. — Athen, Akr. 5219. — Schoene Rel. 19, 85. Michaelis 15, 10.

318 Athena und Priesterin.
Urkundenrelief. — Berlin 881. — Arch. Zeit. 1857, 105. Michaelis 15, 7.

319 (1157) Athena und ein Kolophonier.
Urkundenrelief. — Athen, Akr. 6620. — Schoene Rel. 22, 96. Michaelis 15, 13.

320 Athena.
Athen, Akr. 5220. — Schoene Rel. 13, 64.

An der Hauptwand zieht sich ein Stück vom Triglyphon des Parthenon entlang, elf Triglyphen, und von diesen eingerahmt:

325—334 (571 ff.) Zehn Metopen von der Südseite.
Kentaurenkämpfe. Metopen XXXI. XXIX. XXX. IV (Köpfe in Kopenhagen). XXVII. XXVIII. VII (Köpfe im Louvre und in Athen). IX (Kopf in Athen). II. III. — Brit. Museum (Elgin). — Anc. Marbles VII. Michaelis Taf. 3. 4. Bm. II. 1175 ff.

335 Fragment von einer Metope.
Weiblicher Oberkörper von Südmetope XXV. — Brit. Museum (Elgin).

338 (244) Kentaur und Panther.
Handwerksmässiges Relief, zum Vergleich mit den Metopen. — Ince Blundell Hall 267. Pentel. M. — Arch. Zeit. 1874, 6.

V. PARTHENONSAAL.

An allen vier Seiten des Saales ziehen sich Reliefreihen vom Cellafries des Parthenon hin, der den Festzug der Panathenäen darstellt. Neben der Ausgangsthür beginnt unten der Westfries, jenseits der Periklesbüsten der Südfries, darüber an allen drei Seiten der Nordfries, endlich an der vierten Seite der Ostfries.

341—352 (595 ff.) Westfries (12 Platten).
> Vorbereitungen zum Reiterzug. Platte I—XII. — Brit. Museum (Elgin. I. II) und Athen am Tempel selbst (III—XII). — Anc. Marbl. VIII. Michaelis Taf. 9. Bm. II. Taf. 35.

353—364 (667 ff.) Südfries (12 Platten).
> Stücke aus dem Reiterzuge (Platte IX—XIII) und die attische Hekatombe (Platte XLI. XXXIX. XL. XLII. XXXVIII. XLIII, 127 f. XLIV). — Brit. Museum (Elgin). — Anc. Marbles VIII. Michaelis Taf. 10. 11. Arch. Zeit. 1885 S. 57. Bm. II. Taf. 32.

365—390 (611 ff.) Nordfries (26 Platten).
> Stücke aus dem Zuge der Opferthiere (Pl. II. IV), der Träger von Opferkuchen und Wein (Pl. V. VI), der Kitharspieler (Pl. VIII), der Zweigträger (Pl. X), der Viergespanne (Pl. XII. XIV. XVII. XVIII. XXI—XXIII), der Reiter (Pl. XXIV. XXVII A [unter No. 363], XXIX. XXXI—XXXIII. XXXVI—XLII). — Athen, Akr. und Brit. Museum (Elgin); XXVII A in Wien, Herzog von Modena. — Anc. Marbles VIII. Michaelis Taf. 12. 13. Bm. II Taf. 34 f.

391—401 (647 ff.) Ostfries (8 Platten).
> Alles was erhalten ist. Von beiden Seiten Züge von Frauen mit Opfergeräth und Gruppen von Festordnern und Zuschauern, dann je eine Gruppe von sieben Gottheiten, unter dem Vorsitz links des Zeus, rechts der Athena; in der Mitte Übergabe von Stühlen und Zusammenfalten des panathenäischen Peplos. — Athen, Akr. (Pl. II. VI, 38—40), Brit. Museum (Elgin. Pl. I. III durch ein, VIII durch zwei athenische Fragmente ergänzt), Louvre (Pl. VII), Gips (Pl. VI, 41—48); ausserdem Pl. VI, 41 Bruchstück in Athen, 43—48 nach dem Original im Brit. Museum, und 42 nach einem überarbeiteten Abguss. — Anc. Marbles VIII. Michaelis Taf. 14. Bm. II Taf. 33 f.

405 (1186) Sitzende Athena mit Helm im Schoss.
> Reliefbruchstück, zum Vergleich mit Fig. 36. — Athen, Akr. 7077. Pentel. M. — Schöne Rel. 21, 91.

411—421 (534 ff.) Die Reste der östlichen Giebelgruppe.
> Das Ganze bezog sich auf die Geburt der Athena. Erhalten sind die Endgruppen links (Helios aus dem Meere auftauchend, ein liegender Gott, zwei sitzende Göttinnen, die Botin Iris) und rechts (drei engverbundene Göttinnen und Selene mit dem Kopf ihres

einen Rosses), ferner aus der schon längst zerstörten Mittelgruppe die Torsen des Hephästos und der zu Athena eilenden Nike. Die Deutung der einzelnen Figuren ist sehr bestritten. — Brit. Museum (Elgin. *A—G. J—M. O*) und Athen, Akr. 5365. 5366 *(H. N)*. — Anc. Marbles VI. Michaelis Taf. 6, 8—18. Bm. II, 1180. 1182 f. Taf. 32.

426—430 (547. 551. 552. 561) Bruchstücke von der westlichen Giebelgruppe.

Poseidons und Athenas Streit um den Besitz Attikas. Aus der Mittelgruppe die Oberkörper der beiden streitenden Gottheiten und ein Stück des Oelbaums, ferner ein weiblicher Kopf (Nike?) und der Flussgott Kephisos aus der linken Ecke. — Brit. Museum (Elgin. *A. L. M* durch athenische Fragmente ergänzt), Athen, Akr. 5367 (Brust Poseidons; Oelbaum) und Paris, Privatbesitz (Kopf). — Anc. Marbles VI. Michaelis Taf. 8, 1. 6. 13. 15. 16. Bm. II, 1181. Taf. 32.

435 (726) Obere Hälfte eines Athenakopfes von hartem Stil.

Fälschlich den Parthenonsculpturen zugerechnet. Von der Akropolis. — Brit. Mus., Parth. S. 83 No. 1 (Elgin). Parischer M. — Anc. Marbles VI, 16. Michaelis Taf. 8, 14.

438 Bruchstück vom Kopf der Nemesis, von Agorakritos.

Aus Rhamnus. — Brit. Museum, Elg. E, 4 (Gandy Deering). Parischer M. — Numism. Chron., 3. ser., II, 100 f.

440 (1006) Jüngling und Ross.

Grabrelief? Aus der Villa Hadrians. — Brit. Museum, Gr.-R. I, 147 (G. Hamilton, Townley). Pentel. M. — Anc. Marbl. II, 6. Bm. II, 844.

Unter dem Ostfries vom Parthenon befinden sich Proben vom Friese des kleinen Tempels der Athena Nike auf der Akropolis.

445. 446 (747 ff.) Ostfries.

Rathsversammlung der Götter. — Noch am Tempel. Pentel. M. — Ross Nike Apteros 11, a—c. Vgl. Ovb. I zu S. 365, a—f. Bm. II, 1024.

447. 448 (750 ff. 756 ff.) Zwei Friesplatten von den Langseiten.

Kämpfe zwischen Griechen und Persern. — Brit. Museum Elg. C, 3. 4 (Elgin). — Anc. Marbl. IX, 8. 7. Ovb. I zu S. 365 m. n. i—l. Bm. II Taf. 25, 1237 f.

449. 450 (753 ff.) Zwei Platten vom Westfries.

Kämpfe zwischen Griechen und Griechen. — Brit. Museum Elg. C, 1. 2 (Elgin). — Anc. Marbl. IX, 9. 10. Vgl. Ovb. I zu S. 365 p. q. Bm. II Taf. 25, 1239 f.

V. PARTHENONSAAL.

Oberhalb des Ostfrieses vom Parthenon befindet sich eine Auswahl von den Sculpturen des sog. Theseion (Tempel des Hephästos?) in der Unterstadt, die sämmtlich noch am Tempel selbst erhalten sind. Parischer M.

451—456 (527) Ostfries.
: Kampfscene im Beisein von zuschauenden Göttern. — Ant. of Athens III, 1, 14. Ovb. I, 348.

457—460 Vier Metopen von den Langseiten.
: Theseus Kämpfe mit dem Minotauros und dem marathonischen Stier (Südseite), mit Kerkyon und Skiron (Nordseite). — Mon. d. Inst. X, 43, 1. 2. 44, 2. 3. Ovb. I, 346.

463 (351) Theseus und Minotauros.
: Erzrelief von einem Panzer. Zum Vergleich mit No. 457 und 460. Aus Olympia. — Olympia. — Ausgr. IV, 24, 4.

464—467 (528) Westfries vom sog. Theseion.
: Kampf der Kentauren und Lapithen. — Ant. of Athens III, 1, 14. Ovb. I, 348.

468 Weihrelief an Theseus.
: Gewidmet von Sosippos S. des Nauarchides. — Aus Attika. — Louvre (Skene, Lebas). Pentel. M. — Mon. d. Inst. IV, 22, B. Clarac II. 224 A. 250 A.

471—478 (761 ff.) Acht Bruchstücke von der Balustrade des Tempels der Athena Nike in Athen.
: Von der Akropolis. — Athen, Akr. 5664. Pentel. M. — Kekulé Reliefs C (Athena auf einem Schiffe sitzend). N (Oberkörper). A (zwei Niken und Opferkuh). II. M (zwei Niken und Tropäon). E (Beine einer sitzenden Athena). O (Nike ihre Sandale nestelnd). Vgl. Ovb. I zu S. 369. Bm. II, 1027. Taf. 25, 1241.

485 (819) Bruchstück vom Friese des Erechtheion.
: Von der Akropolis, — Athen. Akr. 5666. Pentel. M. — Schöne Rel. 1, 16. Ovb. I, 361, e. Bm. I, 489.

490 (810) Karyatide vom Erechtheion.
: Von der Jungfrauenhalle des Tempels. — Brit. Museum, Elg. E, 3 (Elgin). Pentel. M, — Rayet Mon. 40. Ovb. I, 358. Bm. I, 491.

VI. NIKESAAL.

Dieser Saal bildet eine Ergänzung des vorigen. Er enthält zum grössten Theil Bildwerke aus dem fünften und der ersten Hälfte des vierten Jahrhunderts, aus dem Bereich attischer, peloponnesischer und lykischer Kunst.

501 (498) Schutzflehende.
: Rom, Pal. Barberini M.-D. 968. Pentel. M. — Mon. d. Inst. IX, 34. Clarac V, 835, 2095.

An der Wand links von der Eingangsthür befinden sich einige Weihreliefs:

504 (1840) Weihrelief an Pan und die Nymphen.
: Vom Hellespont. — Wien, Millosicz 1 (Gallipoli). Marmor. — Oesterr. Mitth. 1877, 1.

505 (1839) Desgleichen, von Telephanes gewidmet.
: Aus Attika, Parnes. — Athen, Centralmus. 360. Pentel. M. — Annali 1863, L, 3. Bm. II, 1032.

506 Weihrelief der athenischen Wäscher an die Nymphen und alle Götter.
: Aus Athen, Stadion. — Berlin 709 (Nani). Pentel. M. — Millin 81, 327.

508 (1132) Triptolemosrelief.
: Aus Eleusis. — Eleusis. Pentel. M. — Overbeck Kunstmyth. 14, 4. Rev. arch. 1867, 4.

510 (1152) Weihrelief (an Asklepios?).
: Aus Gortyn in Kreta. — Louvre (Borrell). Marmor. — Mon. d. Inst. IV, 22, A. Arch. Zeit. 1852, 38, 1.

511 (1143) Weihrelief an Asklepios.
: Aus Athen, Asklepieion. — Athen 4327. Pentel. M. — Athen. Mitth. 1877, 14.

VI. NIKESAAL.

512 Weihrelief (an Asklepios?).
Aus Megara. — Berlin 729. Marmor. — Arch. Zeit. 1873, 6.

513 (1146) Desgleichen.
Aus Athen, Asklepieion. — Athen 4002. Pentel. M. — Athen. Mitth. 1877, 16.

518 (1182) Das «eleusinische Relief».
Triptolemos zwischen den beiden Göttinnen. Aus Eleusis, Tempel des Triptolemos. — Athen, Centralmus. 314. Pentel. M, — Ovb. Kunstmyth. 14, 8. Bm. I, 413.

An der schmalen Wand, rechts vom Eingang:

520 (1200) Peliadenrelief.
Medeia und die beiden Töchter des Pelias. — Aus Rom, Corso. — Lateran 92. Pentel. M. — Amalthea I, 4. Lübke Plastik I³, 244.

521 Weihrelief an die Göttermutter.
Hekate und Hermes-Kadmilos neben ihr. Aus dem Piräeus. — Berlin 691. Pentel. M. — Arch. Zeit. 1880, 1. Vgl. Cabinet No. 1027.

523 (420) Hekaterelief (archaistisch).
Aus Aegina. — Schloss Königswart bei Marienbad, Metternich. Marmor. — Oesterr. Mitth. 1880, 3. Bm. I, 632.

525 (1198) Orpheusrelief.
Eurydike zwischen Orpheus und Hermes. — Rom, Villa Albani 1031. Pentel. M. — Zoega I, 42.

An der langen Wand, jenseits der Thür:

528 (1188) Bruchstück eines Reliefs.
Herakles, Hebe und Nike? Von der Akropolis. — Athen, Akr. 5686. Pentel. M. — Arch. Zeit. 1869, 24.

529 (1197) Bruchstück eines Reliefs.
Krieger und Mädchen. — Leiden I, 283. Pentel. M. — Janssen Grafrel. 7, 19.

531 (1161) Urkundenrelief
von einem Vertrage zwischen Athen und Korkyra v. J. 375. — Aus Athen, Südabhang der Burg. — Athen 3999. Pentel. M. — Arch. Zeit. 1877, 15, 2.

532 (1160) Urkundenrelief
von einem Vertrage zwischen Athen und Kios v. J. 377. Von der Akropolis. — Athen, Akr. 7021. Pentel. M. — Schöne Rel. 9, 53.

533 (1165) Urkundenrelief
von einem Volksbeschluss zu Ehren der Söhne Leukons, Spartokos und Pairisades nebst ihrem Bruder Apollonios, v. J. 347. Aus dem Piräeus. — Piräeus, Museum. Pentel. M. — Bull. Hell. 1881, 5.

VI. NIKESAAL.

538 Korinthisches Puteal (archaisierend).
Hochzeit des Herakles und der Hebe. Aus Korinth. — Verschollen, zuletzt in London (Guilford, Wentworth, Beaumont). Marmor. — Dodwell, Bassiril. 2 ff. Ovb. I, 142. Vgl. Journ. Hell. Stud. 1885 Taf. 56 f.

An der schmalen Wand, oben:

541 (1600) Kopf der Aphrodite.
Aus Kypros, Idalion? — Leipzig, Dr. Ed. Brockhaus. Kalkstein. — Arch. Zeit. 1864, 188, 2.

542 (518) Amazonenstatuette.
Aus Salamis. — Dresden 40 (Stackelberg). Pentel. M. — Sächs. Ber. 1850, 1. 2. Clarac V, 810 A, 2031 B.

544 (1473) Aphrodite mit dem Fuss auf einem Schwan.
Aus Argos, beim Theater. — Argos 489. Marmor von Doliana. — Vgl. Cabinet No. 871.

545 (1599) Kopf einer Stadtgöttin.
Aus Kypros, Idalion? — Leipzig, R. Brockhaus. Kalkstein. — Arch. Zeit. 1864, 188, 1.

546 (497) Nike des Paeonios von Mende, mit Basis.
Verkleinerte Nachbildung von Grüttner. — L. Mitchell, Selections 14, 1.

547 (496) Nike des Paeonios mit der Künstlerinschrift.
Aus Olympia. — Olympia. Marmor. — Funde 16. Ovb. I zu S. 414. Bm. II, 1082. Loewy 49.

Am zweiten Fenster sind einige Statuen attischen Stils zusammengestellt.

551 (465) Diskoswerfer, sein Ziel nehmend.
Von der Via Appia bei Rom. — Vatican 615 (G. Hamilton). Pentel. M. — Bouillon II, 17. Bm. I, 458. — Vgl. Heragang No. 1392.

553 (1208) Aphrodite mit feinem Gewande.
Sog. Venus Genetrix. Aus Fréjus. — Louvre. Parischer M. — Bouillon I, 12. Bm. I, 91.

555 (509) Diadumenos Farnese.
Brit. Museum (Farnese). Pentel. M. — Annali 1878, A. Müller-Wieseler I, 31, 136. — Vgl. die Köpfe No. 576 und 577.

557 (514) Verwundete Amazone vom Capitol.
Capitol, Haupts. 10. Ital. M. — Mori II, sala gr.21. Ovb. I, 393 f. Bm. II Taf. 48.

VI. NIKESAAL.

558 (515) Oberkörper einer Wiederholung.
    Aus Rom. — Wörlitz 11. Marmor. — Gerlach Ant. d. W. 1. Arch. Jahrb. 1886, 4.

    Am dritten Fenster:
561 (516) Matteische Amazone.
    Vatican 265 (Villa Mattei). Parischer M. — Bouillon II, 10. Ovb. I, 393, d. Bm. II Taf. 48. Vgl. Arch. Jahrb. 1886, 1, 2.
564 (499) Apollon.
    Ince Blundell Hall 15 (Bessborough). Pentel. M. — Arch. Zeit. 1874, 2.
566 (218) Torso eines Eros.
    Aus Sparta. — Sparta 39. Pentel. M. — Arch. Zeit. 1878, 16.
568 (225) Jünglingsstatue von Stephanos, Schüler des Pasiteles.
    Aus Rom. — Rom, Villa Albani 906. Parischer M. — Annali 1865, D. Arch. Zeit 1878, 15. Bm. II, 1191.

Am vierten Fenster hat eine Anzahl von Büsten Platz gefunden, links attischer, rechts peloponnesischer und verwandter Art.

571 (484) Hermenkopf eines Strategen.
    Paris, Pastoret. Pentel. M. — Arch. Zeit. 1868, 1.
572 (487) Sog. Aeschylos.
    Capitol. Marmor. — Mon. d. Inst. V, 4. Bm. I, 34.
573 (460) Kopf eines Jünglings («Hermes»).
    Brit. Museum (Chinnery). Parischer M. — Anc. Marbl. II, 21. Müller-Wieseler II, 28, 303.
574 (486) Thukydides.
    Aus Rom. — Holkham Hall 26. Pentel. M. — Michaelis Bildn. d. Thuk., Taf. 1. 2.
575 Kopf eines Strategen.
    Aufbewahrungsort unbekannt.
576 (510) Kopf eines Diadumenos.
    Kassel. Parischer M. — Conze Beitr. 2. — Vgl. No. 555.
577 (511) Wiederholung dieses Kopfes.
    Dresden 86 (Chigi). Parischer M. — Augusteum 57, 1. Annali 1871, V.
581 (1310) Doppelhermenbüste des Sophokles und Euripides.
    Aus Rom, vor Porta S. Lorenzo. — Bonn, Museum (Welcker). Griech. M. — Kekulé Kunstmus. Taf. 2, 2.

VI. NIKESAAL.

582 Kopf des Euripides.
Louvre. Erz. — Clarac VI, 1081, 2916 A.

583 (1311) Doppelhermenbüste des Aristophanes und Menandros.
Aus Tusculum. — Bonn, Museum (Welcker). Marmor. — Mon. d. Inst. V, 55. Kekulé Kunstmus. Taf. 2, 1. Bm. I, 133.

588 (506) Kopf eines Doryphoros, nach Polyklet.
Aus Smyrna. — Smyrna, evangel. Schule. Marmor. — Vgl. No. 606.

589 (500) Hera Farnese.
Neapel (Farnese). Griech. M. — Ovb. Kunstmyth. 9, 1. 2. Bm. II, 1353.

590 (501) Hera Castellani.
Aus Girgenti. — Brit. Museum (Castellani). Griech. M. — Mon. d. Inst. IX, 1. Ovb. Kunstmyth. 9, 4. 5.

591 Kopf der Hera Barberini.
Von einer Statue im Vatican 550 (Barberini). Aus Rom, Viminal. Griech. M. — Ovb. Kunstmyth. 10, 33. Müller-Wieseler II, 4, 56. Bm. I, 647.

592 Kopf eines Diadumenos, nach Polyklet.
Aus Rom. — Laas, Steinhäuser? M.-D. 1671. Griech. M. — Vgl. No. 605.

593 Kopf eines Siegers.
Aus Rom. — Erbach 1. Griech. M.

594 Wiederholung dieses Kopfes.
Brit. Museum (Campanari). Griech. M.

595 (519) Kopf eines Siegers.
Nach Andern einer Amazone. — Bologna, Museum. Marmor. — Conze Beitr. 1.

596 Kopf einer Amazone von polykletischem Typus.
Brit. Museum, Gr. R. I, 150 (Lyde Browne). Griech. M. — Anc. Marbl. X, 5. Arch. Jahrb. 1886, 3, 2. — Vgl. No. 608 f.

597 Kopf eines Epheben von jüngerem peloponnesischen Typus.
Von einer Wiederholung von No. 613. Rom, Baracco M.-D. 977?

599 Maske von einem Kopfe mit seltsamer Kopfbedeckung.
Aufbewahrungsort unbekannt.

600 (216) Kopf eines Jünglings mit Binde.
Μünchen 302 (Albani). Erz mit Gold und Silber. — Piroli Mus. Nap. IV, 74. Arch. Zeit. 1883, 14, 3.

Am fünften Fenster stehen Copien nach Polyklet:

605 (508) Diadumenos, nach Polyklet.
Aus Vaison. — Brit. Museum. Ital. Marmor. — Rayet Mon. 30. Ovb. I zu S. 389. Bm. II, 1348. — Vgl. No. 592.

606 (503) Doryphoros, nach Polyklet.
Aus Pompeii, Palästra. — Neapel. Marmor. — Rayet Mon. 29. Overbeck I zu S. 389. Bm. II, 1347. — In die Basis eingelassen der Abguss eines geschnittenen Steins (Berlin 4, 249): Ovb. a. O. — Vgl. No. 588.

607 (504) Relief eines Doryphoros mit Pferd.
Aus Argos. — Argos 502. Marmor. — Athen. Mitth. 1878, 13.

608 Verwundete Amazone, nach Polyklet.
Falsch ergänzt. — Rom. Pal. Sciarra (Barberini) M.-D. 942. — Vgl. No. 596.

609 (513) Wiederholung derselben Statue.
Aus Rom. — Berlin 7. Pentel. M. — Mon. d. Inst. IX, 12. Ovb. I, 393, a. Bm. II, Taf. 48.

In der letzten Abtheilung der Fensterwand stehen Statuen theils polykletischer Art, theils aus einer jüngeren peloponnesischen Schule.

612 Statue eines Epheben («Idolino»).
Aus Pesaro. — Florenz, Uffizien. Erz. — Zannoni Gal. di Fir. IV, 93 f. Clarac IV, 680, 1591.

613 Statue eines Epheben.
Brit. Museum. Thas. M. — Vgl. Arch. Zeit. 1864, 132. — Vgl. No. 597.

614 Rest einer Wiederholung derselben Statue.
Rom, Baracco. Marmor. — Vgl. Bull. 1885, 76.

620 (520) Dionysos.
Aus der Villa Hadrians. — Rom, Diocletiansthermen. Ital. M. — Mon. d. Inst. XI, 51. 51ª.

VI. NIKESAAL.

Oben an den beiden Hauptwänden des Saales:

625—647 (883 ff.) Fries aus dem Innern des Apollontempels von Bassae (Phigalia).
Kentaurenkampf und Amazonenkampf. Aus Bassae. — Brit. Museum. Griech. M. — Anc. Marbl. IV, 1—23. Ovb. I zu S. 449. Bm. II Taf. 42 ff. Vgl. Sächs. Ber. 1880, 3.

648. 649 (880 f.) Zwei Bruchstücke von Metopen desselben Tempels.
Aus Bassae. — Brit. Museum. Griech. M. — Anc. Marbl. IV, 24, 2. 3. Stackelberg 30.

651—654 (993 ff.) Theile von den Friesen des Heroon zu Trysa (Giölbaschi) in Lykien.
651 (993) Viergespann (über der Thür).
652 (994) Freiermord des Odysseus.
653 (995) Kalydonische Eberjagd.
654 (997) Belagerung von Troia.
Aus Giölbaschi in Lykien. — Wien, Museum. Kalkstein. — Oesterr. Mitth. 1882, 6. 7. Bm. II, 1045.

660 (987) Nereide vom sog. Nereidenmonument.
Vielleicht vom Grabdenkmal des lykischen Königs Perikles. Aus Xanthos in Lykien. — Brit. Museum. Parischer M. — Mon. d. Inst. X, 11, 2.

661—669 (913 ff.) Neun Platten vom breiteren Friese desselben Monuments.
Kämpfe mit griechisch gerüsteten Gegnern und mit Barbaren. Ebendaher. — Brit. Museum. Parischer M. — Mon. d. Inst. X, 13, A. B. C. D. H. 14, J. O. P. Q. Vgl. Bm. II Taf. 24.

670—677 (932 ff.) Acht Platten vom schmaleren Friese desselben Monuments.
Vielleicht Scenen aus der Belagerung von Telmessos. Ebendaher. — Brit. Museum. Parischer M. — Mon. d. Inst. X, 15, f. g und h. i. 16. p. r und u. v. Vgl. Bm. II Taf. 24.

VII. HERMESSAAL.

Dieser Saal ist der Kunst des Skopas, Praxiteles und Lysippos mit ihren Genossen gewidmet.

An der Eingangswand:

701 (1251) Niobe und ihre jüngste Tochter.
Aus Rom, Esquilin. — Florenz, Uffizien 264. Pentel. M. — Ovb. II zu S. 52, gh.

702 (1260) Kopf der Niobe.
Aus Rom. — Brocklesby Park 5 (Nollekens, Exeter, Yarborough). Pentel. M. — Specimens I, 35 ff. Ovb. II, 60.

703 (1249) Sohn der Niobe.
Aus Rom, Esquilin. — Florenz, Uffizien 257. Griech. M. — Ovb. II zu S. 52, c.

705 (1250) Tochter der Niobe.
Ebendaher. — Florenz, Uffizien 259. Griech. M. — Ovb. II zu S. 52, e.

706 (1261) Wiederholung derselben Figur.
Aus der Villa Hadrians. — Rom. Chiaramonti 176 (Este). Griech. M. — Stark Niobe Taf. 12. Ovb. II, 61.

711 (1283) Kopf des Asklepios (Zeus?).
Aus Melos. — Brit. Museum (Blacas). Griech. M. — Rayet Mon. 42. Bm. I, 138.

713 Artemis von Gabii.
Aus Gabii. — Louvre. Parischer M. — Bouillon I, 21. Müller-Wieseler II, 16, 180.

715 Artemis Colonna.
Aus dem Albanergebirge, bei Rocca di Papa. — Berlin 59 (Colonna). Pentel. M., Kopf parischer M. — Friedrichs Praxiteles, Tafel. Müller-Wieseler II, 16, 167.

VII. HERMESSAAL.

In der Mitte des Saales:

718 (1210) Eirene mit dem kleinen Plutos, nach Kephisodotos dem Vater des Praxiteles.
München 96 (Albani). Pentel. M. — Bouillon II, 5. Ovb. II, 9. Bm. II, 777.

719 (1211) Plutos, von einer Wiederholung dieser Gruppe.
Aus dem Hafen Piräeus. — Piräeus, Museum. Pentel. M. — Ath. Mitth. 1881, 13, 1.

720 (1212) Hermes mit dem kleinen Dionysos, von Praxiteles.
Aus Olympia, Heräon. — Olympia. Parischer M. — Funde 17 f. Ovb. II, Titelb. Bm. II, 1084 ff. — An der Basis der rechte Fuss des Hermes (Ausgr. V, 10).

721 (vgl. 1218) Hermes Farnese.
Brit. Museum (Farnese). Griech. M. — Braun Kunstmyth. 91.

An der Fensterwand:

724 (1216) Torso des ausruhenden Satyrn.
Aus Rom, Kaiserpaläste. — Louvre. Parischer M. — Bm. II 1399. Vgl. Ovb. II, 41.

725 (1430) Silen mit dem kleinen Dionysos.
Aus Rom, Gärten des Salust. — Louvre (Borghese). Parischer M. — Bouillon I, 54. Müller-Wieseler II, 35, 406.

Hinter dem Schirm:

728 (1275) Demeter von Knidos.
Aus Knidos, Tempel der Demeter. — Brit. Museum. Griech. M., Kopf parischer M. — Rayet Mon. 49. Ovb. Kunstmyth. 14, 14.

730 (1215) Die knidische Aphrodite, nach Praxiteles.
München 131 (Braschi). Parischer M. — Lützow Münchn. Ant. 41. Ovb. II, 31.

731 Antikes Gemälde «die aldobrandinische Hochzeit».
Copie von O. Donner in halber Grösse des Originals. Aus Rom, Esquilin. — Vatican, Bibliothek (Aldobrandini, Camuccini, Nelli). — Woermann, Gesch. d. Mal. I, 112. Bm. II, 872.

An der Hauptwand:

732 Kopf von der belvederischen Wiederholung der knidischen Aphrodite.
Vatican 574. Parischer M. — Arch. Zeit. 1876, 12, 1. Ovb. II, 31. — Vgl. Cabinet No. 847.

VII. HERMESSAAL.

733 (1457) Büste der Aphrodite.
Aus Arles, Theater. — Arles, Museum. Marmor. — Bernoulli Aphrodite, Titelb.

734 (1454) Kopf der Aphrodite (Nike?)
Rom, Pal. Caetani M.-D. 797. Parischer M.

Über der Thür zum Cabinet:

737 (1597) Medusenkopf, Relief.
München 128 (Rondinini). Parischer M. — Lützow Münchn. Ant. 25. Bm. II, 910.

739 (1291) Sog. Elginscher Eros.
Aus Athen, Akropolis. — Brit. Museum (Elgin). Parischer M. — Anc. Marbl. IX, 2. 3. Müller-Wieseler I, 35, 145.

740 (1263) Kniender Ephebe («Ilioneus»).
München 142 (Rudolf II, Barth). Parischer M. — Lützow Münchn. Ant. 15 ff. Müller-Wieseler I, 34, E.

743 (1214) Apollon Sauroktonos, nach Praxiteles.
Rom, Villa Albani 952. Erz. — Rayet Mon. 47. Bm. II, 1400.

745 (1217) Jugendlicher Satyr, Wein einschenkend.
Aus Castel Gandolfo. — Dresden 87 (Chigi). Marmor. — Augusteum 25 f. Müller-Wieseler II, 39, 459.

Die Nummern 751—761 stammen vom Mausoleum in Halikarnass. Sie befinden sich alle im Brit. Museum und sind in parischem Marmor ausgeführt.

751 (1237) Kopf von der Kolossalstatue des Mausolos.
Maus. 34. — Newton Halic. II, 1, 1. Ovb. II, 72. Bm. 896.

752 Kopf von einer weiblichen Kolossalstatue (Artemisia?).
Maus. 44. — Newton Trav. II, 10. Ovb. II, 72.

755 Bruchstück eines bärtigen Kopfes.
Maus. 47.

758—761 (1221 ff. 1240) Proben vom Amazonenfriese.
758 (1240) Maus. 17: Mon. d. Inst. V, 1—3. Ovb. II zu S. 77, *a—c*. Bm. II, 901.
759 (1221) Maus. 1: Mon. d. Inst. V, 18, 5. Ovb. *d*. Bm. II, 899.
760 Maus. 15. 16: Mon. d. Inst. V, 20, 7. 8. Ovb. *h*.
761 (1222 ff.) Maus. 8—10: Newton Halic. 9, 2. 10, 2. 1. Ovb. *l—n*. Bm. II, 897 f.

VII. HERMESSAAL.

762 (1822) Amazonensarkophag, Vorderseite und Nebenseite.
Aus Ephesos? — Wien, Antikencab. 167 (Fugger). Pentel. M. — Sacken Skulpt. 2. 3. Bouillon II, 94 f. Bm. I, 60.

763 (1246) Ganymedes vom Adler entführt, nach Leochares.
Vatican, Gall. d. cand. 119. Marmor. — Ovb. Kunstmyth. 8, 4. Plastik II, 65. Bm. II, 815.

765 (1307) Sophokles.
Aus Terracina. — Lateran 237. Griech. M. — Benndorf und Schoene Lat. Taf. 24. Lübke Kunstgesch. I[10], 179. — Vgl. No. 581.

766 (1316) Aeschines.
Aus Herculaneum, Villa der Papyri. — Neapel. Griech. M. — Comparetti u. de Petra Villa 18, 2. Bm. I, 33.

An der Ausgangswand:

767 (2150) Sessel des Priesters des Dionysos Eleuthereus.
In Athen, Theater 4990. Pentel. M. — Revue arch. 1862, 20. Müller Griech. Bühnenalterth. 94.

768 (1328) Fries vom choregischen Denkmal des Lysikrates.
Dionysos und die tyrrenischen Seeräuber. Athen, Tripodenstrasse. Pentel. M. — Anc. Marbl. IX, 22 ff. Ovb. II, 91. Bm. II, 841.

769 Korinthisches Halbkapitell von demselben Denkmal.
Ant. of Athens 1, 4, 26. Lübke Kunstgesch. [10] S. 116.

Unter No. 770—775 sind einige Köpfe zusammengestellt, die mit mehr oder weniger Grund als Bildnisse Alexanders des Grossen betrachtet werden.

770 (1318) Hermenbüste Alexanders des Grossen.
Mit Inschrift. Aus Tivoli. — Louvre (Azára, Bonaparte). — Bouillon II, 70, 1. Ovb. II. 112. Bm. I, 38.

771 (1319) Portraitkopf mit Spuren eines Kranzes.
Ince Blundell Hall 178. Parischer M. — Arch. Zeit. 1874, 4.

772 Kopf.
Aus Tivoli. — Erbach 2. Pentel. M. — Stark Zwei Alexanderk. Taf. 1. 2. Bm. I, 39.

773 Kopf von einer Statue Alexanders.
München 153 (Rondinini). Parischer M. — Ovb. II, 114. Bm. I, 40.

774 (1602) Kopf von einer Statue.
Aus Alexandreia. — Brit. Museum. Parischer M. — Stark Zwei Alexanderk. Taf. 3. Bm. I, 40.

775 Hermenkopf mit moderner Inschrift.
Aus Alexandreia. — Berlin 305 (Saulnier). Thas. M.

Über der Thür:
776 (1856) Hochzeitszug des Poseidon und der Amphitrite.
München 115 (Pal. S. Croce). Parischer M. — Ovb. Kunstmyth. 13, 16. Lübke Plastik I³, 206 f.

Die folgenden Werke gehören Lysippos oder seiner Kunstrichtung an.

Am Fenster:
777 (1269) Ruhender Krieger.
Rom, Villa Ludovisi 118. Pentel. M., Kopf parischer M.

778 (1264) Apoxyomenos, nach Lysippos.
Aus Rom, Trastevere. — Vatican, Br. N. 67. Pentel. M. — Rayet Mon. 55. Ovb. II, 122. Bm. II, 843.

779 Zwei Reliefs von einer Basis.
Verschiedene Stellungen von «Schabern». Aus Athen, Akropolis. — Athen, Akr. 6154. Pentel. M. — Ann. 1862, M.

780 (1017) Grabrelief eines Jünglings.
Ebenfalls als Apoxyomenos. Vom Piräeus. — Athen, Centralm. 171, 1. Pentel. M. — Lebas Voy. 62, 2.

782 Kopf eines Athleten.
Aus Rom. — München 83. Parischer M.

783 Desgleichen.
Aus Delos. — Mykonos. Marmor. — Bull. Hell. 1885, 16.

784 Jünglingskopf.
Zur Ergänzung der Statue des Aristogeiton (No. 284) benutzt. — Neapel (Farnese). Marmor. — Arch. Zeit. 1859, 127.

785 Kopf von einer Statue des Meleagros.
Aus Rom, vor Porta Portese. — Vatican 10 (Pighini). Griech. M. — Bouillon II, 7. Ann. 1843, H.

786 Meleagros.
Aus S. Marinella (Pyrgi). — Berlin 215. Parischer M. — Mon. d. Inst. III, 58. Bm. II, 915.

788 (1324) Aesop, nach Lysippos.
Rom, Villa Albani 964. Griech. M. — Mon. d. Inst. III, 14,2. Bm. I, 35.

VII. HERMESSAAL.

790 Statuette eines sitzenden Herakles.
Aus Smyrna. — Louvre. Marmor. — Gaz. arch. 1885, 8, 1. Lebas Voy. 144.

791 (1540) Herakles und der Hirsch.
Aus Torre del Greco. — Palermo. Erz. — Mon. d. Inst. IV, 6 f. Bm. I, 660.

792 (1265) Ausruhender Herakles, von Glykon aus Athen.
Verkleinerte Nachbildung. Das Original aus Rom, Thermen Caracallas. — Neapel (Farnese). Marmor. — Ovb. II, 391. Bm. I, 598.

794 Kopf des Herakles.
Vom Vesuv. — Brit. Mus., Gr.-R. I, 141 (W. Hamilton). Pentel. M. — Anc. Marbl. I, 11. Müller-Wieseler I, 38, 153.

795 (1265) Gesichtsmaske des farnesischen Herakles.
Von der Statue No. 792. — Mon. d. Inst. VIII, 54, 2. 2a.

796 Kopf des Herakles.
Aus Rom. — Basel 1105 (Steinhäuser). Marmor. — Mon. d. Inst. VIII, 54, 1. 1a.

798 (1268) Ares Ludovisi.
Aus Rom, Marsfeld. — Rom, Villa Ludovisi 63. Griech. M. — Braun, Kunstmyth. 86. Müller-Wieseler II, 23, 250. Bm. I, 121.

800 Betender Knabe.
Beide Arme neu. Aus Italien. — Berlin 2 (Foucquet, Eugen v. Savoien, Liechtenstein, Friedrich d. Gr.). Erz. — Bouillon, II, 19, 1. Bm. I, 591.

VIII. CABINET.

Hier sind in zwei Glasschränken theils kleinere Abgüsse (meistens nach Erzfiguren) theils einige Originale aufgestellt. Die Nummern der letzteren sind mit einem Sternchen (*) versehen; zwei Sternchen (**) bezeichnen, dass sie aus dem Nachlass Karl Steinhäusers stammen.

Über der Thür:
801 (1871) Drei Stadtgöttinnen.
Von der Via Appia, bei Rom. — Louvre (Borghese). Marmor. — Bouillon I, 80. Clarac II, 222, 301.

An der Eingangswand:
802 (1877) Bruchstück einer bacchischen Procession.
Aus Rom, Villa Palombara. — Rom, Mus. Chiaram. 644. Ital. M. — Mus. Chiar. I, 44, 2.

803 Zwei Eroten um die Palme ringend.
Widmung von Leitus an die Nymphen der Schwefelquellen. Aus Ischia. — Neapel. Marmor. — Braun Marmorw. II, 5ʰ. Bm. I, 499. CIL. X, 6789.

804 Bruckstück eines bekleideten unbärtigen Mannes.
Piräeus, Museum (Berl. Abg. 1326). Marmor.

Schrank links.

Unten im Schrank:
805** Brust von einer weiblichen Gewandstatue abgesägt.
Marmor.

806 Bruchstück einer weiblichen Gewandstatue.
Marmor.

807 Zwei Füsse, übereinander geschlagen.
Von einer sitzenden Frauenstatue. Marmor.

808 Brust eines Epheben mit Chlamys.
Marmor.

809 Stück von einer weiblichen Gewandstatue.
Aus Samothrake. — Wien. Marmor. — Conze Unters. auf Samothr. I, 41.

810 Kleiner männlicher Torso.
Marmor.

Erste Reihe von unten (alterthümliche Statuetten):

811 (357) Frau (Aphrodite?) als Spiegelhalter.
Aus Olympia. — Olympia. Erz.

812 (vgl. 108) Athena Polias.
Aus Athen. — Athen. Erz.

813 Kanephore auf ionischem Kapitell.
Weihgeschenk der Phillo an Athena. Aus Paestum. — Berlin, Antiquarium. Erz. — Arch. Zeit. 1880, 6.

814 Dieselbe Figur durch Säule und Korb ergänzt.

815 Griffel mit einem Schulknaben geziert.
Aus Orvieto. — Berlin, Antiquarium. Erz, vergoldet. — Arch. Zeit. 1877, 11, 4.

816 (90) «Wagenlenker» (Hoplitodrom?).
Tübingen (Tux). Erz. — Arch. Jahrb. 1886, 9. Ovb. I, 188, 7. Bm. I, 338.

817 (vgl. 359) Kämpfender Krieger.
Aus Dodona. — Berlin, Antiquarium. Erz. — Rayet Mon. 17, 1. Arch. Zeit. 1882, 1.

818 (358) Göttin (Artemis?).
Aus Olympia. — Olympia. Erz. — Ausgr. III, 24 B, 4.

819 Thronende Hera.
Aus Argos. — Berlin, Antiquarium. Thon. — Ann. 1861. A. Ovb. Kunstmyth. III, S. 25, c.

820 (356) Weibliche Figur von einem Geräth.
Aus Olympia. — Olympia, Erz. — Ausgr. III, 24 B, 5.

821 (51) Apollon Philesios mit dem Hirschkalb.
München, Antiq. 85. Erz (moderner Nachguss). — Rayet Milet 28, 2. Ovb. I, 109.

822 Apollon mit Salbgefäss.
Weihgeschenk des Deinagores an Apollon. Aus Naxos. — Berlin, Antiquarium. Erz. — Arch. Zeit. 1879, 7. Ovb. I, 188, 2.

823 (236) Aphrodite mit der Blume.
Wien, Trau 52. Erz. — Oesterr. Mitth. 1878, 8.

824—826 Drei Statuetten des Hermes mit dem Widder.
Berlin, Antiquarium. Erz. — Ovb. I, 188, 1.

Zweite Reihe von unten (Statuetten des entwickelten Stils):

831 (1751) Athena.
München, Antiq. 368. Erz. — Lützow Münchn. Ant. 10. Clarac III, 462 A, 842 A.

832 (1476) Aphrodite, die Sandale lösend.
München, Antiq. 369. Erz. — Lützow Münchn. Ant. 4.

833 (1745) Gefesselter Eros.
Arolsen 131. Erz. — Sächs. Ber. 1851, 6, 7. Müller-Wieseler II, 55, 695.

834 Frau mit Kranz.
Thon.

835 Hermes mit dem kleinen Dionysos.
Louvre. Erz. — Journ. Hell. Stud. 1882 zu S. 107.

836 (1750) Zeus (Poseidon?).
München, Antiq. 366. Erz. — Lützow Münchn. Ant. 26. Bm. II, 1393.

837 Poseidon.
Aus Paramythia. — Brit. Museum. Erz. — Spec. I, 32. Murray Hist. II, 10, 2.

838 (1748) Zeus mit Chlamys.
Arolsen 12. Erz.

839 (1747) Zeus mit der Aegis.
Wien, Trau 1. Erz. — Oesterr. Mitth. 1878, 7.

840 Satyr mit Fell und Syrinx.
Aus Pergamon. — Berlin, Antiquarium. Erz. — Furtwängler Satyr von Perg. Taf. 1.

841 Herakles.
München Antiq. 355. Erz. — Lützow Münchn. Ant. 39.

842 Satyr, Ball schlagend.
Erz.

Dritte Reihe von unten (meistens Köpfe):

846 (877) Weibliches Köpfchen.
Vom Heräon bei Argos. — Argos. Pentel. M. — Rev. arch. 1867, XVI, 15.

VIII. CABINET.

847 (321) Köpfchen einer knidischen Aphrodite.
Aus Olympia. — Olympia. Parischer M. — Funde 19, A. Bm. II, 1087. — Vgl. Hermessaal No. 730 und 732.

848 (1274) Köpfchen der Hebe.
Aus Rom. — St. Petersburg, Gräfin Stieglitz. — Kekulé Hebe Taf. 1. Bm. I, 629.

849 Jünglingsköpfchen.
Marmor.

850 (1521) Weibliches Köpfchen.
Corfù, Fels. Griech. M. — L. Mitchell Hist. S. 620.

851 (1998) Becher mit Scenen aus der Zerstörung Troias.
München, Antiq. 590 (Ingolstadt). Silber. — Abh. bayr. Akad. V, 2. Heydemann Iliupersis 2, 4.

852 Weibliches Köpfchen, von einer Gewandstatue.
Aus Cervetri (Caere). — Leipzig, Frau Ritschl. Parischer M. — Vgl. Bull. 1866, 103.

853 (1281) Jugendliches Köpfchen.
Aus Athen. — Konstantinopel, v. Radowitz (Berl. Abg. 720). Marmor.

854 Männliches Köpfchen.
Thon? Vgl. Lützow Münchn. Ant. 1.

855 Weibliches Köpfchen mit Kranz.
Thon.

856 Weibliches Köpfchen (rechte Hälfte).
Marmor.

857 Weibliches Köpfchen mit Kopftuch.
Privatbesitz (Berl. Abg. 715). Marmor.

858 Weibliches Köpfchen (linke Hälfte).
Marmor.

859 Weibliches Köpfchen mit Ohrgehänge.
Thon.

Oberste Reihe (Verschiedenes):

864 Bekleidete Frau.
Thon.

865 Kleiner Torso der Aphrodite.
Mit gehobener r. Schulter. — Marmor.

866 Bekleidete Frau.
Thon.

867. 868. (1993 f.) **Zwei Becher mit Kentaurendarstellungen.**
Aus Pompeii. — Neapel. Silber. — Overb. Pompeji⁴ S. 624. Müller-Wieseler II, 47, 596.

869 (2006) **Das Mantuaner Onyxgefäss.**
Braunschweig (Mantua). Onyx. — Kunsthandwerk I, 83 f. Gerhard Ant. Bildw. 310, 3 f.

870 **Statuette eines sitzenden Jünglings.**
Dresd. Abg. 25. Erz.

871 **Bruckstück einer Statuette der Aphrodite.**
Im Motiv identisch mit Nikesaal No. 544. — Marmor.

872 **Kleiner männlicher Torso.**
Marmor.

Auf dem Schrank:

873 **Männlicher Torso.**
Marmor.

874 (1475) **Torso einer ihre Sandale lösenden Aphrodite.**
Aus Alexandria. — Brüssel, Herzog von Ahremberg (Roussel in Nimes). Pentel. M. — Vgl. No. 832.

875 **Knabentorso.**
Marmor.

An der Fensterwand:

901 **Mänade auf einem Panther liegend.**
Von einer südetrurischen Graburne. Thon. Vgl. Campana 108.

902 **Satyr mit einem Panther spielend.**

903 **Satyr am Altar.**
Zwei kleine Reliefs von spätem Stil.

904 **Silen.**
Von einem dreiseitigen Altar. — Wien. Marmor.

Schrank rechts.

905** 22 **Fragmente von Glasgefässen.**

In den Pultfächern (Originalstücke):

906* 22 **Proben von farbigem Wandbewurf.**
Roth, gelb, weiss, grau, lila, bunt. — Aus Pergamon, Königspalast.

907* 3 **Proben von Mosaikfussböden.**
Aus Pergamon, Königspalast.

908* Stück eines Luftziegels, von Brand geschwärzt.
909* Stückchen Wandbewurf, von Rauch geschwärzt.
910* Stückchen Alabaster, vom Wandsockel des Männersaales.
911* Vasenscherbe.
Sämmtlich aus Tiryns, Palast.
912* Stück Muschelkalk vom Zeustempel zu Olympia.
913* Stück Kalkstein, vom Athenatempel auf Aegina.
914* Stück Marmor, vom ältesten Fussboden des Artemision zu Ephesos.
915* Platte von pentelischem Marmor aus Athen.
916* Platte von numidischem Marmor (Giallo antico).
917* Gesimsstück von rothem Marmor, aus Pergamon.
918. 919* Zwei Proben von Lychnites, aus Paros.
920* Ein Stück parischen Marmors.
921* Ein Stück Marmor, vom Apollontempel in Delos.
922* Desgleichen, von der Halle Philipps V in Delos.
923* Desgleichen, vom Apollontempel in Sikinos.
924—931* Acht kleine Erzstatuetten.
Darunter ein Krieger ohne Kopf und Waffen, aus Arkadien (Dörpfeld); die übrigen, darunter ein Apollon mit Bogen und Köcher, aus Rom (Steinhäuser).
932—935** Vier eherne Schnallen von Pferdegeschirr.
936** Kleine Erzschale mit Deckel.
937** Erzhenkel mit einer Maske.
938** Drei eherne Fibulae ohne Nadeln.
939** Drei eherne Pfeilspitzen.
940** Zange, Haarnadel, Nähnadel, von Erz.
941. 942** Zwei schwarze flache Teller, von Thon. Darauf:
— ** Neunzehn Nadeln, Schreibstifte u. s. w., von Horn.
943** Teller von Thon, gelb mit bräunlichen Punkten. Darauf:
— * 15 griechische und römische Münzen, von Silber und Kupfer.
944—946** Drei schwarze Näpfchen, von Thon.
947* Amphorenhenkel mit knidischem Stempel.
Aus Thera, «Ochendra».

948* Gewicht von einem Webstuhl.
    Mit doppeltem Stempel eines kriechenden Satyrn. Aus Griechenland. — Thon.
949* Lämpchen mit drei Masken.
    Aus Athen. — Thon.
950—954** Fünf Thonlampen.
    Sieger im Circus. Blattornament und Inschrift PVE. Blattornament. Pegasos. Sirene mit Syrinx.
955* 16 Bruchstücke von Siegelerde mit Reliefs.

Erste Reihe des Schrankes (Architekturfragmente und Reliefs):

961* Stück eines Kymation, plastisch ausgeführt.
962** Desgleichen, glatt, mit deutlicher Bemalung.
963* Desgleichen, mit schwächeren Farbspuren.
    Sämmtlich aus Athen. — Marmor.
964* Stück eines Kymation, plastisch ausgeführt.
    Von der Tholos des jüngeren Polyklet im epidaurischen Asklepiosheiligthum. — Marmor.
965—967* Drei Bruchstücke bemalter Stuckarchitektur.
    Triglyphon. Kymation. Astragalos. — Aus Pergamon, von den Ruinen eines zierlichen Gebäudes im Osten des Marktes.

971* Reliefbruchstück: Kopf und Brust eines Kriegers.
    Aus Rom. — Früher bei O. Jahn. Marmor.
972* Desgleichen: Phaedra und die Amme.
    Von einem Sarkophag. — Aus Rom. — Früher bei Ed. Gerhard. Marmor.
973** Desgleichen: sitzende Frau mit Lyra («Sappho»).
    Aus Rom. — Thon. — Ann. 1858, B. Abh. sächs. Ges. VIII Taf. 2, 1.
974** Obertheil einer Thonlampe: Silen mit Schlauch.

Die folgenden vier Stücke sind Fragmente sog. campanascher Thonreliefs.

975** Weiblicher Kopf mit krausem Haare.
    Von einer Darstellung zweier kniender Frauen.
976** Kopf und Brust einer Nike.
    Von einer Darstellung der stierschlachtenden Nike; vgl. Campana 84. Terrac. Brit. Mus. 16, 26.

VIII. CABINET.

977** Stierschlachtende Nike.
: Von einer seltenen Variante der gleichen Darstellung (Flügel nach beiden Seiten ausgebreitet).

978** Kopf und Brust eines jugendlichen Satyrn.
: Mit Farbspuren. Sonst nicht nachweislich.

979* Bruchstücke einer Sima mit Rankenornament.
: Vom Rundbau der Arsinoe in Samothrake. — Marmor. — Conze Ausgr. auf Samothr. I, 29, 2.

980* Desgleichen.
: Vom sog. Tempel des Dionysos in Pergamon. — Marmor. — Vgl. Abh. preuss. Akad. 1884 S. 6.

981 Desgleichen mit Palmettenverzierung.
: Aus Delos. — Mykonos. Marmor.

Zweite Reihe von unten (Thongefässe):

991** Schwarzer Becher (sog. Kotyle) mit punctiertem Ornament.

992** Desgleichen mit hohem Fuss.

993** Schwarze Tasse mit hohem Henkel (sog. Kyathis).

994—996** Drei schwarze Schüsseln.

1001** Langes Alabastron, unbemalt.

1002* Lekythos mit schwarzen Figuren: Herakles und der Löwe.
: Aus Korinth. — Heydemann griech. Vasenb. 5, 3.

1003* Becher (sog. Kotyle) mit rothen Figuren: Flötenspielerin. Krotalistria.
: Aus Athen.

1004. 1005* Zwei kleine Näpfchen, unbemalt.
: Aus Eleusis, Telesterion.

1006* Lekythos mit rothen Figuren: Schwebende Frau mit Kranz am Altar mit brennender Flamme.
: Aus Italien.

1007** Kleiner Krug, weiss carriert auf schwarzem Grunde.

1008. 1009** Zwei kleine Lekythoi ohne Figuren (zerbrochen).

1010* Amphoriskos, schwarz mit gepresstem Ornament.
: Aus Athen.

VIII. CABINET.

1011—1013* Drei weibliche Köpfchen.
   Aus Syra. — Thon.
1014—1017** Vier weibliche Köpfchen (Thon).
1018** Ein Kinderköpfchen (Thon).

   Dritte Reihe von unten (Marmore):
1021** Bauch und Schenkel eines sitzenden Knaben.
1022** Hermenköpfchen eines bärtigen Dionysos, epheubekränzt.
1023** Desgleichen, verwaschen und fragmentiert.
1024** Thierkopf, von einer Tischstütze.
1025** Jünglingsköpfchen mit krausem Haar.
   Hübsch. aber stark verrieben. — Griech. M.
1026** Kentaurenkörper.
   Seltsam verkürzt. Kopf, Arme, Beine fehlen.
1027* Göttermutter, thronend.
   Aus Corfù. — Pentel. M. — Von der gewöhnlichen attischen Art
1028** Kinderköpfchen.
1029** Archaisches Jünglingsköpfchen.
   Aus Athen (Andreoli). — Parischer M. Stirn und Schädel fehlen, der Rest gut erhalten.
1030** Kopf von einer Statuette Poseidons mit Fichtenkranz.
1031** Köpfchen mit verzerrten Mienen (Barbar?).
   Von einem Sarkophag?
1032** Thonkrug, schwarz mit weissen Ranken.

   Oberste Reihe:
1033** Silenskopf und Thyrsos.
   Bruchstück eines Frieses von Thon. Vgl. Campana 99.
1034 Verhüllte Tänzerin.
   Aus Athen. — Berlin, Antiquarium (Komnos). Thon.
1035—1050 Sechzehn bekleidete Frauen.
   Thon.

   Auf dem Schrank:
1056 Kleiner männlicher Torso.
   Marmor.

1057 Weibliche Statuette mit Chiton und Mantel.
Marmor.
1058** Torso einer Asklepiosstatuette.
Marmor. — In Motiv und Erhaltung dem grösseren Torso im Brit. Museum (Anc. Marbl. IX, 5) entsprechend.
1059** Stück eines Kandelabers von Erz.

An der Wand:

1060** Halber weiblicher Kopf.
Als Maske. Thon.

IX. HELLENISTISCHER SAAL.

Dieser grosse Saal enthält Sculpturen aus der hellenistischen Zeit, jedoch haben auch solche Werke römischer Kunst, welche kein national-römisches Gepräge tragen, sondern auf dem Boden hellenistischer Kunst erwachsen sind, darin Platz gefunden.

Ueber der Eingangsthür:

1061 (1865) Parzenrelief.
Aus Rom, Villa Palombara. — Tegel (Massimi). Marmor. — Schneider, Geburt d. Athena Taf. 1, 4.

Am ersten Fenster (Herscherbildnisse):

1062 Kopf Philipps V von Makedonien?
Sog. Menelaos. Aus der Villa Hadrians. — Brit. Mus., Gr.-R. I, 139 (G. Hamilton, Townley). Marmor. — Anc. Marbl. II, 23.

1063 Reliefbruchstück: Hieron II und Philistis von Syrakus?
Sog. Pelops und Hippodameia. Aus dem Meere bei Girgenti. Brit. Museum. Marmor. — Anc. Marbl. X, 32. Vgl. Helbig, N. rhein. Mus. XXVII, 153 f.

1064 (1621) Kopf des Antiochos I Soter von Syrien?
München 172. Griech. M. — Arch. Zeit. 1884 Taf. 12.

1065 Cammeo: Ptolemaeos II Philadelphos und Arsinoe?
Nach Andern: Ptol. I Soter und Eurydike. — St. Petersburg (Mantua, Christine, Odescalchi, Josephine). Sardonyx. — Visconti Iconogr. Gr. III Taf. 53, 3. Müller-Wieseler I, 51, 226a.

1066 Goldring: Berenike, Gemahlin des Ptolemaeos I Soter.
Stanmore Hill, Fortnum.

1067 Cammeo: Ptolemaeos II Philadelphos und Arsinoe I?
Wien 2, 21. Onyx. — Arneth Cameen Taf. 5. Müller-Wieseler I, 51, 227a.

IX. HELLENISTISCHER SAAL.

1068** Marmortisch.
: Die Stütze von eleganter Sculptur des 15. Jahrhunderts. Platte und Fuss modern.

1069 Dionysos («Narciss»).
: Erznachbildung. — Aus Pompeii. — Neapel. Erz. — Rayet Mon. 48. Lübke Plastik I³, 219.

Im Glaskasten einige kleine Reliefs:

1071 Eros und Psyche (Spiegelkapsel).
: Aus Epeiros. — Berlin, Antiquarium. Erz. — Arch. Zeit. 1884, 1.

1072 (1895) Liebespaar (Ausguss aus einer Thonform).
: Aus Athen, Grab am Museion. — Athen, Arch. Ges. — Ann. 1871, R.

1073 Bruchstück: Mädchen in Ranken.
: Thon. — Vgl. Agincourt Rec. 15, 3. Terrac. Brit. Mus. 33, 68.

1074 Bruchstück: Sog. Aidos, fliehend.
: Thon. Vgl. das vollständige Relief bei Winckelmann Mon. Ined. 26. Campana 46.

1075 Friesstreifen: Bacchischer Zug mit Giraffe.
: Aus Tusculum. — Stuck. — Canina Tusculo 47.

An der Eingangswand stehen einige Statuen, die mit mehr oder weniger Sicherheit den ersten Jahrzehnten des dritten Jahrhunderts zugewiesen werden können.

1081 (1312) Demosthenes, nach Polyeuktos.
: Vatican, Br. N. 62 (Aldobrandini, Camuccini). Pentel. M. — Mus. Chiaram. II, 24. Bm. I, 425.

1082 (1531) Artemis mit der Hindin («Diana von Versailles»).
: Aus Rom. — Louvre (Meudon, Fontainebleau, Versailles). Parischer M. — Bouillon I, 20. Bm. I, 133.

1083 (1523) Apollon vom Belvedere.
: Aus Porto d'Anzo (Antium). — Vatican 62. Marmor. — Bouillon I, 17. Bm. I, 105. — Vgl. Büstenzimmer No. 1251.

1084 (1366) Nike, ruhig stehend.
: Aus Samothrake, am neuen Tempel. — Wien. Marmor. — Conze Unters. auf Sam. I, 48.

1085 (1358) Nike von Samothrake.
: Aus Samothrake. — Louvre. Parischer M. — Conze Unters. II, 64. Rayet Mon. 52. Ovb. II zu 314. Bm. II, 1022.

1086 (1358) Dieselbe auf dem Schiff, ergänzt.
Verkleinerte Nachbildung von Zumbusch. — Conze II S. 58 f. Ovb. II zu 314.

Auf den Gestellen in der Mitte der Fensterwand:

1087—1090 (1360 ff.) Vier Figuren aus der Giebelgruppe des neuen Tempels in Samothrake.
Aus Samothrake. — Wien. Marmor. — Conze Unters. I, 35—40.

An der Langwand (Götterbilder):

1094 (1467) Aphrodite im Bade, nach Daedalos?
Louvre (Trianon). Parischer M. — Bouillon I, 15, 1. Clarac III, 345, 1417.

1095 (1459) Die capitolinische Aphrodite.
Aus Rom. — Capitol. Parischer M. — Bouillon I, 10. Müller-Wieseler II, 26, 278.

1096 (1461) Torso einer Aphrodite.
Dresden 276 (Albani). Marmor. — Augusteum 27 ff. Clarac IV, 612, 1358.

1099 (1471) Psyche von Capua.
Aus Capua. Amphitheater. — Neapel. Marmor. — Millingen Anc. mon. II, 8. Clarac IV, 649, 1493.

1100 (1448) Aphrodite von Melos.
Aus den Originalfragmenten zusammengesetzt. Aus Melos. — Louvre (de Rivière). Parischer M. — Bouillon I, 11. Ovb. II, 331. Bm. I, 43. — Vgl. Heragang No. 1382.

1101 (1578) Eros von Centocelle.
Aus Centocelle bei Rom. — Vatican 250 (G. Hamilton). Parischer M. — Bouillon I, 15, 2. Bm. I, 497.

1104 Sog. Euterpe.
Aus Frascati. — Berlin 218 (Polignac). Parischer M. — Arch. Zeit. 1861, 147, 3.

1105 Apollon als Kitharode.
Aus Tivoli. — Vatican 516. Marmor. — Bouillon I, 33. Bm. I, 99.

1106 Sog. Polyhymnia.
Aus Frascati. — Berlin 221 (Polignac). Parischer M. — Clarac III, 528, 1126. Bm. II, 972.

1110 Dionysos und Bacchantin.
Marbury Hall 8. Parischer M. — Clarac IV, 694, 1634.

IX. HELLENISTISCHER SAAL.

1111 **(457) Aktäon.**
Aus der Nähe von Città Lavigna (Lanuvium). — Brit. Mus., Gr.-R. I, 165 (G. Hamilton, Townley). Griech. M. — Anc. Marbl. II, 45. Müller-Wieseler II, 17, 186.

1112 **(1494) Dionysos und Ambrosia.**
Von La Storta bei Rom. — Brit. Mus., Gr.-R. I, 189 (Townley). Griech. M. — Anc. Marbl. III, 11. Bm. I, 437.

Ueber der Thür:

1115 **(1511) Zeusmaske.**
Aus Otricoli. — Vatican 539. Carrar. M. — Overbeck Kunstmyth. Taf. 2, 1. 2. Bm. II. 1317.

An der Fensterwand:

Am Gestell zwischen dem ersten und dem zweiten Fenster einerseits hieratische Reliefs und solche elektischen Stils, andererseits hellenistisch malerische Reliefs.

1116 **Hochzeitszug des Zeus und der Hera, von drei Seiten einer vierseitigen Basis.**
Villa Albani 685. Pentel. M. — Ovb. Kunstmyth. 10, 29. — Welcker Alte Denkm. II, 1, 1.

1117 **(422) Zwölfgötter, von einer dreiseitigen Basis.**
Louvre (Borghese). Pentel. M. — Bouillon III, Autels 1. Müller-Wieseler I, 12 f., 45.

1118 **(1875) Zeus zwischen zwei Göttinnen.**
Mit der Inschrift *Diadumeni*. Aus Rom. — Louvre (Turin). Parischer M. — Ovb. Kunstmyth. 3, 15. Clarac II, 200, 26.

1119 **(425) Hermes und Artemis.**
Bruchstück eines wahrscheinlich modernen Reliefs mit den Zwölfgöttern.

1124 **(423) Dresdener dreiseitige Basis.**
Dresden 80 (Chigi). Pentel. M. — Augusteum 5 ff. Ovb. I, 200. Bm. I, 463.

1125 **(2114) Amphora von Sosibios.**
Louvre (Borghese). Pentel. M. — Bouillon III, Cand. 8. Ovb. II, 395.

1126 **Leda.**
Aus Argos. — Brit. Museum. Parischer M. — Ovb. Kunstmyth. 8, 22. Jahn Arch. Beitr. Taf. 1.

IX. HELLENISTISCHER SAAL.

1127—1128 Geburt des Priapos; Opfer an Priapos.
Von einer vierseitigen Basis mit Inschrift des Euporus (CIL. V, 833). Aus Aquileia. — Venedig (Grimani, Giustiniani). Marmor. — Oesterr. Mitth. 1877, 5 f.

1129 Weihrelief (an Asklepios?).
Aus Korinth? — München 85a. Pentel. M.

1130 (429) Weihrelief eines Kitharoden an Apollon.
Berlin 921 (Albani, Louvre). Pentel. M. — Ovb. I, 201.

1131 Landmann und Kuh.
Aus Rom. — München 301 (M. Wagner). Parischer M. — Lützow Münchn. Ant. 38, 1. Schreiber Kulturhist. Atlas 65, 12.

1132 Dichter (Schauspieler?) und Muse.
Lateran 245 (Rondinini). Griech. M. — Mus. Lateran. 42, 4. Schreiber Kulturhist. Atlas 5, 4 (Philiskos).

1133 Rinderherde.
München 127 (Rondinini). Griech. M. — Lützow Münchn. Ant. 38, 2.

1134. 1135 (432 f.) Zwei spendende Niken.
Thon. Vermuthlich Stücke einer ähnlichen Composition wie No. 1130; vgl. Campana 18. Terrac. Brit. Mus. 11, 18.

1136 Hore des Herbstes mit Ziege und Fruchtkorb.
Thon. Aus einer Darstellung der vier Jahreszeiten; vgl. Campana 62. Terrac. Brit. Mus. 14, 23.

Am Fenster:

1140 Vase mit bacchischen Masken.
Verkleinerte Nachbildung von Lange. Das Original aus der Villa Hadrians. — Woburn Abbey 101 (Lante, Volpato, Jenkins, Cawdor). Marmor. — Piranesi Vasi I, 42 f. Clarac II, 145, 124.

Am zweiten Gestell hellenistische Sculpturen:

1141 (448) Pansherme.
Aus Cività Lavigna (Lanuvium). — Brit. Mus., Gr.-R, I, 177 (G. Hamilton, Townley). Marmor. — Anc. Marbl. II, 35. Clarac IV, 726 D, 1736 J.

1142 (449) Kopf des Zeus (archaistisch).
Louvre (Talleyrand). Par. M. — Arch. Zeit. 1874, 9. Bm. I, 255.

1143 (1844) Einkehr des Dionysos bei einem Dichter.
Brit. Mus., Gr.-R. I, 176 (Montalto, Townley). Pentel. M. — S. Bartoli Admir.[2] 43. Anc. Marbl. II, 4.

IX. HELLENISTISCHER SAAL.

1144 (1843) Desgleichen.
Aus Attika. — Louvre. Marmor. — Arch. Zeit. 1881, 14.

1145 Weihrelief an die Dioskuren (Theoxenien).
Aus Larisa. — Louvre. Marmor. — Heuzey Miss. de Macéd. 25, 1. Conze Vorlegebl. IV, 9, 2.

1150 (1622) Menandros, nach Kephisodotos und Timarchos?
Aus Rom, Viminal. — Vatican 390 (S. Lorenzo in Panisperna, Villa Montalto). Pentel. M. — Bouillon II, 24. Bm. I, 923.

Auf der Rückseite des Gestelles homerische und verwandte Denkmäler:

1151 (1629) Apotheose Homers, von Archelaos von Priene.
Aus Bovillae. — Brit. Mus., Gr.-R. I, 159 (Pal. Colonna). Griech. M. — Ovb. II, 405. Bm. I, 112.

1152 (1196) Reliefbruchstück: Mann neben Dreifuss.
Aus Athen, Akropolis. — Athen, Akr. 6619. Pentel. M. — Schoene Rel. 18, 82.

1153 Büste Homers.
Neapel (Farnese). Griech. M. — Tischbein Homer 1. Gargiulo Racc. I, 43.

1154 Hermenkopf Homers.
Capitol. Marmor. — Bouillon II, 69, 1. Bm. I, 698.

1155 (1627) Hermenkopf Homers.
Aus Baiae. — Brit. Mus., Gr.-R. I, 117 (Townley). Pentel. M. — Anc. Marbl. II, 25.

1156 (1628) Büste Homers.
Sanssouci (Polignac). Marmor. — Krüger Antiq. 1.

1157 (1309) Statuette des sitzenden Euripides.
Mit dem Verzeichnis seiner Tragödien. — Louvre (Albani). Griech. M. — Bouillon III, Stat. 18, 1. Clarac III, 294, 465.

1158 Statuette des sitzenden Platon.
Verschollen. — Mon. d. Inst III, 7. Bm. II, 1334.

An dem nächsten Fenster Genrestatuen:

1161 (1586) Knabe mit der Gans, nach Boethos.
München 140 (Braschi). Carrar. M. — Lützow Münchn. Ant. 20. Bm. I, 350.

1162 Knöchelspielerin.
Berlin 494 (Polignac). Par. M. — Abh. Berl. Ak. 1857 Taf. 3.

IX. HELLENISTISCHER SAAL.

1163 Knöchelspieler, Rest einer Gruppe.
Aus Rom, Thermen des Titus. — Brit. Mus., Gr.-R. I, 186 (Barberini, Townley). Parischer M. — Anc. Marbl. II, 31.

1167 (1396) Antiocheia und Orontes, nach Eutychides.
Aus Rom, vor Porta S. Giovanni. — Vatican, Gall. d. cand. 184 (Cavaceppi). Griech. M. — Mus. PClem. III, 46. Ovb. II, 135. Bm. I, 519.

1168 (1543) Gruppe des Nil.
Aus Rom, bei S. Stefano del Cacco. — Vatican, Br. N. 109, Pentel. M. — Bouillon I, 61. Bm. II, 1028.

1170 (1573) Schlafende Ariadne.
Madrid 41 (Odescalchi), Ital. M. — Clarac IV, 726 E, 1622 A. Vgl. Bm. I, 125.

Die zweite Hälfte des Saales ist wesentlich der hellenistischen Kunst in Kleinasien gewidmet; einzelne Werke andrer Art haben daneben Platz gefunden.

1171 (1414) Messerschleifender Skythe («Arrotino»).
Aus einer Marsyasgruppe. Aus Rom, Marsfeld. — Florenz, Uffizien 549 (Mignanelli). Marmor von den korasischen Inseln bei Samos (Phurni). — Zannoni IV, 37. Bm. II, 889.

1172 (1415) Torso des hängenden Marsyas.
Aus Rom, Palatin. — Berlin 213. Parischer M. — Vgl. Müller-Wieseler II, 14, 154.

1174 Gigant vom grossen Fries des Zeusaltars von Pergamon.
Mit der Inschrift Bro(teas?) am Gesims. Aus Pergamon, Markt. — Berlin, Perg. Z 4. Marmor. — Conze Ergebn. I Taf. 5. Overbeck II zu S. 239, D. Bm. II, 1264. — Vgl. No. 1187 und 1188.

1175 Herakles und Telephos, vom kleineren Fries desselben Altars.
Aus Pergamon. — Berlin, Perg. S. 24. Marmor. — Overbeck II zu S. 254, a. Bm. II, 1270.

1178 (1504) Tanzender Silen.
Aus Pompeii. — Neapel. Erz. — Niccolini, Pompei II, Casa del Fauno 5. Overbeck Pompeji[4] 550.

1179 (1781) Amazone zu Pferde.
Aus Herculaneum. — Neapel. Erz. — Ant. di Ercol. VI, 63 f. Clarac V, 810, 2028.

IX. HELLENISTISCHER SAAL.

Die Figuren 1181—1184 gehören zu den Weihgeschenken, die Attalos I von Pergamon auf der Akropolis von Athen aufstellen liess. Sie stammen aus Rom und sind angeblich aus kleinasiatischem Marmor gearbeitet.

1181 (1411) Gefallene Amazone.
Neapel (Farnese). — M. d. Inst. IX, 20, 5. Ovb. II, zu S. 205, II. 2. Bm. II, 1245.

1182 (1408) Gefallener Perser.
Neapel (Farnese). — M. d. Inst. IX, 21, 7. Ovb. II zu S. 205, III, 3. Bm. II, 1244.

1183 (1403) Kopf von einem gefallenen Gallier.
Venedig 145 (Grimani). — M. d. Inst. IX, 20, 3. Ovb. II, 209. Bm. II, 1241.

1184 (1404) Ins Knie gesunkener Gallier.
Venedig 144 (Grimani). — M. d. Inst. IX, 19, 2. Ovb. II, 206. Bm. II, 1243.

1187 Zeusgruppe vom Gigantenfries des Zeusaltars von Pergamon.
Aus Pergamon, Markt. — Berlin, Rotunde. Marmor. — Rayet Mon. 63. Ovb. II zu S. 239, A. Bm. II, XXXVII.

1188 Athenagruppe von demselben Fries.
Rayet Mon. 62. Ovb. II zu S. 239, B. Bm. II, XXXVIII. — Vgl. Heragang No. 1393.

1191 (1419) Sog. Meduse Ludovisi.
Rom, Villa Ludovisi 110. Griech. M. — Mon. d. Inst. VIII, 35. Bm. II, 911.

1192 (1412) Sterbender Gallier.
Capitol (Ludovisi). Marmor von den korasischen Inseln (Phurni). — Bouillon II, 20. Ovb. II, 218. Bm. II, 1234 f.

1194 (1401) Barberinischer Satyr (Oberkörper).
Aus Rom, Engelsburg. — München 95 (Barberini). Parischer M. — Lützow Münchn. Ant. 30. Müller-Wieseler II, 40, 470.

1196 (1422) Laokoongruppe, von Agesandros, Athanodoros und Polydoros von Rhodos.
Aus Rom, Thermen des Titus. — Vatican 74. Griech. M. — Bouillon II, 15. Ovb. II, 276.

IX. HELLENISTISCHER SAAL.

1199 (1431) Torso des Herakles, von Apollonios aus Athen («Torso vom Belvedere»).
Aus Rom, Theater des Pompeius. — Vatican 3. Parischer M. — Rayet Mon. 63. Ovb. II, 376. Bm. I, 108.

1200 (1425) Der sog. borghesische Fechter, von Agasias aus Ephesos.
Louvre (Borghese). Marmor. — Rayet Mon. 64 f. Ovb. II zu S. 398. — Vgl. Büstenzimmer No. 1280.

Am letzten Fenster:

1205—1211 Sieben Friesfragmente vom Athenatempel zu Priene.
Aus Priene. — Brit. Mus., Maus. *P.* 12. 14—18. Graulicher M. — Ant. of Ionia IV, 19. Rayet Milet 15, 11. 13. 14. 18. Ovb. II zu S. 102, b—f.

1213 Torso eines gefesselten Knaben.
Marmor. — Vgl. Clarac V, 883, 2258. Vatican, Gall. d. cand. 28.

1214 (vgl. 1582) Eros den Bogen bespannend.
Aus Castello di Guido (Lorium). — Brit. Mus., Gr.-R. I, 146 (G. Hamilton). Parischer M. — Anc. Marbles X, 21. Vgl. Müller-Wieseler II, 51, 631.

1215 (2143) Runder Altar: Opferung der Iphigeneia, angeblich von Kleomenes.
Florenz Uffizien 165 (Giardino di Castello). Pentel. M. — Raoul-Rochette Mon. inéd. 26, 1. Ovb. Bildw. 14,7.

Über der Thür zum nächsten Saal:

1220 (1855) Helios, Metope zwischen zwei Triglyphen.
Aus Ilion, Tempel der Athena. — Berlin, Ethnol. Museum. Marmor. — Arch. Zeit. 1872, 64. Bm. I, 639.

X. BÜSTENZIMMER.

Dieses Zimmer umfasst, ausser einigen Sculpturen aus dem letzten Jahrhundert vor Christo und einigen römischen Sarkophagen, hauptsächlich eine grössere Anzahl von Büsten, bei denen das kunsthistorische Interesse meistens vor dem gegenständlichen zurücktritt.

Über der Thür:

1221 (1891) Bakchisches Relief, drei Bruchstücke.
Aus Patras. — Athen, Centralm. 579. Marmor.

Neben der Thür:

1222 Relief: Kopf einer Victoria.
Aehnlich dem an der Vorderseite der Basis der Traianssäule in Rom (Fröhner, Col. Traj. 6). — Marmor.

1223—1227 (1933 ff.) Fünf Köpfe in Relief.
Meist Dakerköpfe; von den Reliefs derselben Säule.

1228 Medusenmaske.
Von der Ecke eines Sarkophagdeckels.

1230 (1561) Opferdiener (Camillus).
Capitol, Conservatorenpalast. Erz. — Kekulé Gruppe d. Menel. Taf. 3, 3. Bm. II, 1108.

1231 Kampfscene, Relief vom Grabdenkmal der Julier.
In St. Remy (Glanum Livii), Provence. Kalkstein. — Laborde Mon. de la France 84, 4. Vgl. Lübke Archit. I[6], 325.

1232 Grabdenkmal der Secundinier.
Verkleinerte Nachbildung von Zumpft. In Igel, bei Trier. — Sandstein. — Osterwald Röm. Denkm. in Igel Taf. 4.

1233 Sarkophag des L. Cornelius Scipio Barbatus.
Verkleinerte Nachbildung, ohne die Inschrift. Aus Rom, Scipionengräber. — Vatican 2. Peperino. — Visconti Mon. d. Scipioni. Lübke Archit. I[6], 284.

X. BÜSTENZIMMER. 53

1236 (1640) Augustus.

Aus der Villa der Livia in Prima Porta (Saxa Rubra) bei Rom.
— Vatican, Br. N. 14. Marmor. — Rayet Mon. 71. Bm. I, 229.

1237 (1560) Abschiedscene, sepulcrale Gruppe von Menelaos.

Rom, Villa Ludovisi 69. Griech. M. — Kekulé Gruppe des Menel. Taf. 1. Ovb. II, 416. Bm. II, 1193.

1238 Sarkophag: Raub der Persephone.

Aachen, Münster. Marmor. — Ovb. Kunstmyth. 17, 7. Zeitschr. d. Aachn. Geschichtsv. III zu S. 97. Westd. Zeitschr. IV, 14.

1239 (1825) Sarkophag: Orestes Muttermord (Vorderseite).

Vatican, Gall. d. cand. 82 (Barberini). Marmor. — Mus. PClem. V, 22. Bm. II, 1115.

1240 Sarkophag: Raub der Leukippiden durch die Dioskuren (Vorderseite).

Florenz, Uffizien 74 (Valle, Medici). Marmor. — Winckelmann Mon. Ined. 61.

1241 Sarkophag: Rache der Medea (Vorderseite).

Louvre (Borghese). Marmor. — Bouillon III, Bas-rel. 18. Bm. II, 907.

1242 Sarkophag: Musen (Vorder- und Nebenseiten).

Louvre (Capitol). Marmor. — Bouillon I, 78 f. Clarac II, 205, 45.

Auf den vier Gestellen sind Büsten und Köpfe aufgestellt.

Gestell an der Rückwand (Idealköpfe):

1245 Kopf des Zeus, eichenbekränzt.

St. Petersburg 174 (Lyde Browne?). Marmor. — Compte-Rendu 1875, 6. 7, 1.

1246 Herakles.

Brit. Mus., Gr.-R. I, 204. Parischer M. — Anc. Marbl. III, 12.

1247 Herakles, von einer Statue.

Aus Rom, Theater des Pompeius. — Vatican 540. Pentel. M. — Bouillon II, 2. Mus. PClem. II, 9.

1248 (1541) Hephästos, Hermenkopf.

Aus Rom, Piazza di Spagna. — Mus. Chiaram. 419 A. Marmor. — Mon. d. Inst. VII, 81. Bm. I, 641.

1249 (1527) Apollon.

Aus Rom, Thermen Caracallas. — Brit. Museum. Marmor. — Mon. d. Inst. X, 19.

X. BÜSTENZIMMER.

1250 (1526) Apollon Giustiniani.
Brit. Mus., Gr.-R. I, 138 (Giustiniani, Pourtalès). Parischer M. — Panofka Ant. Pourt. 14. Bm. I, 101.

1251 (1523) Apollon, von der belvederischen Statue.
S. Hellenist. Saal No. 1083. — Mon. d. Inst. VIII, 39, 2. Bm. I, 106.

1252 (1525) Apollon Steinhäuser.
Aus Rom. — Basel 1104 (Steinhäuser). Griech. M. — Mon. d. Inst. VIII, 39, 1. Arch. Zeit. 1878, 2.

1254 Lockiger Jüngling mit schmaler Binde.
Mit hohlen Augen. — Erz.

1255 Jugendlicher Hermes.
Vgl. den Hermes Potocki Müller-Wieseler II, 29, 322.

1256 Jugendlicher Apollon, von einer Statue («Adonis»).
Aus Centocelle bei Rom. — Vatican 443. Pentel. M. — Mus. PClem. II, 32. Clarac IV, 633, 1424 A.

1258 (1288) Hypnos.
Aus Civitella d'Arno bei Perugia. — Brit. Museum. Erz. — Mon. d. Inst. VIII, 59.

1259 Apollon.
Ähnlich dem Kopfe im Louvre, Clarac VI, 1073, 2785 C.

1260 Hermenkopf mit Kopfbinde.
Aus Melos, zusammen mit der Aphrodite (No. 1100) gefunden. Louvre. Parischer M. — Vgl. Froehner No. 194.

1263 Antinous, epheubekränzt.
Ähnlich der townleyschen Büste im Brit. Mus., Gr.-R. I, 20. (Anc. Marbl. XI, 25. Levezow 9), aber mit lang herabhängenden Zipfeln der Binde. — Marmor.

1266 Hermes mit Petasos.
Aus der Villa Hadrians. — London, Lansdowne 88. Pentel. M. — Specimens I, 51. Müller-Wieseler II, 28, 304.

1270 (1490) Dionysos («capitolinische Ariadne»).
Capitol. Marmor. — Bouillon I, 70, 2. Bm. I, 435.

Rückseite des mittleren Gestelles (Idealköpfe):

1271 (1416) Helios, Maske.
Capitol. Marmor. — Bouillon I, 71, 1. Ovb. II, 112.

1272 (1417) Gigant («sterbender Alexander»).
Florenz, Uffizien 515 (Carpi). Parischer M. — Bm. I, 42. Lübke Plastik I[3], 268.

X. BÜSTENZIMMER.

1273 (1489) Dionysos.
Aus Rom, Caracallathermen. — Brit. Museum. Griech. M. — Mon. d. Inst. X. 20.

1274 (1491) Dionysos.
München 103. Parischer M. — Clarac IV, 678 B, 1583.

1275 (1497) Satyr.
München 299 (Albani). Erz. — Mus. Napoléon II, 19. Müller-Wieseler II, 39, 456.

1276 (1496) Satyr («Fauno colla macchia»).
Von der Via Appia unweit Rom. — München 99 (Bologna, Albani). Parischer M. — Bouillon I, 72, 1. Müller-Wieseler II, 39, 454.

1280 Jüngling («Faganscher Kopf»).
Aus Ostia. — Brit. Mus., Gr.-R. I, 151 (Fagan, Rogers). Griech. M. — Specimens II, 18. — Vgl. Hellenist. Saal No. 1200.

1281 (1438) Athena.
Aus der Umgegend von Pompeii. — Glienicke, Prinz Karl. Griech. M. — Mon. d. Inst. IV, 1. Müller-Wieseler II, 19, 198a.

1282 (1463) Aphrodite.
Aus Rom, Diocletiansthermen. — Vatican, M. Chiaram. 513 A. Griech. M. — Mus. Chiaram. I, 27.

1283 Juno Regina.
Mit der Inschrift des L. Lilugius Sex. f. Laena an der Stephane. Aus der Umgegend von Vienne. — Lyon, Museum. Erz. — Gaz. arch. 1876, 1.

1284 Muse.
Aus der Umgegend Roms. — Dresden 78 (Mayer). Marmor.

1285 Mädchenkopf.

1286 (1451) Aphrodite.
Aus Tralles. — Wien 32a (Millosicz). Marmor. — Mitchell Selections 19, 2. Oesterr. Mitth. 1880, 1.

1287 Weiblicher Kopf.
Aus Pergamon, Markt. — Berlin, Perg. [6], 29. Parischer M. Zeitschr. f. bild. K. XV zu S. 166. Murray Hist. II, 32, 2.

1288 Weiblicher Kopf mit Haarbinde.

X. BÜSTENZIMMER.

Gestell an der Eingangswand (Griechen und Barbaren):

1291 Anakreon, Hermenbüste.
Aus Rom, Trastevere. — Rom, Conservatorenpalast. Pentel. M. — Bull. comun. 1884, 2. Arch. Zeit 1884, 11, 2.

1292 (1321) Sog. Alkibiades.
Vatican, M. Chiar. 441. Pentel. M. — Mon. d. Inst. VIII, 25. Bm. I, 48.

1293 (485) Herodotos und Thukydides, Doppelhermenbüste.
Neapel (Julius III, Cesi, Fulvio Orsini, Farnese). Griech. M. — Visconti Iconogr. gr. I, 27. Bm. I, 682.

1294 Sokrates.
Ähnlich der Hermenbüste im Louvre, Bouillon II, 73, 3. Visconti Iconogr. gr. I, 18. — Marmor.

1295 Platon, Hermenbüste.
Berlin 300 (Castellani, Tyskiewicz). Marmor. — Arch. Jahrb. 1886, 6, 1.

1296 Aristoteles, von einer Statue.
Rom, Pal. Spada M.-D. 1174. Marmor. — Visconti Iconogr. gr. I, 20, b. Bm. I. 129.

1297 Alexandrinischer Dichter («Seneca»).
Kallimachos? Philetas? — Ähnlich der herculanensischen Erzbüste in Neapel, Comparetti u. de Petra Villa Ercol. 5. Visconti Iconogr. rom. I, 14, 1. 2. — Marmor, mit einem Puntello vorn im Haare.

1301 Weiblicher Kopf mit schlichtem Haar.

1302 (1522) Mädchenkopf.
Rom, Baracco M.-D. 1696. Marmor. — Vgl. No. 1317.

1305 Doppelhermenbüste («Sokrates und Platon»).
Aus Chiusi. — Berlin 299. Marmor.

1307 (322) Olympischer Sieger, mit schmaler Binde.
Aus Olympia. — Olympia. Marmor. — Ausgr. V, 20. Bötticher Olympia 11, 2.

1308 (323) Bärtiger olympischer Sieger.
Aus Olympia. — Olympia. Erz. — Ausgr. V, 21 f. Funde 23. Bm. II, 1087.

X. BÜSTENZIMMER.

1311 Barbarenkopf (Daker?).
Wahrscheinlich von dem grossen traianischen Relief des Constantinsbogens in Rom. Marmor. — S. Bartoli Admir.[1] 10. Rossini Archi trionf. 73.

1312 (1567) Barbar (sog. «Thumelicus»).
Aus Rom, Forum Traians. — Brit. Mus.. Gr.-R. I. 43 (Lyde Browne). Marmor. — Anc. Marbl. III, 6. Mon. d. Inst. III, 28. Bm. I, 251.

1313 (1565) Barbarin (Germanin?).
St. Petersburg 227. Marmor. — Zeitschr. f. bild. K. VII zu S. 331. Bm. I, 252.

1316 (1564) Weiblicher Kopf.
Aus Ostia? — London, Ashley Ponsonby (Jones). Marmor. — Arch. Zeit. 1880, 8. Soph. Electra ed. Jahn, Titelbl.

1317 (1520) Mädchenkopf (Kore?).
München 89. Parischer M. — Lützow Münchn. Ant. 19.

1318 Weiblicher Oberkörper.
Oxford 59 (Arundel, Pomfret). Griech. M. — Stich von W. Hollar 590 P. Chandler Marm. Oxon. 53.

Vorderseite des mittleren Gestelles (Römer):

1321 (1636) Sog. Marcus Brutus.
Capitol. Marmor. — Bouillon II, 74, 2. Visconti Iconogr. rom. I, 6. 2. 3. Bernoulli I, 19.

1322 Julius Caesar.
Berlin 342 (Julienne). Grüner Basalt. — Bernoulli I, 18. Bm. I. 371.

1324 Octavian.
Brit. Mus., Gr.-R. I, 3 (Castellani). Marmor. — Thompson, Castellani Collection.

1325 Wiederholung dieses Kopfes.
Aus Ostia. — Vatican, M. Chiaram. 416 (Fagan). Carrar. M. — Bernoulli II, 1, 26. Bm. I, 227.

1327 Livia.
Aus der Umgegend Roms. — Paris, Privatbesitz. Marmor. — Röm. Mitth. 1887, 1.

1330 Sog. Seneca.
München 272 (Bevilacqua). Marmor.

1331 Sog. Gnaeus Domitius Ahenobarbus.
Vatican, Mus. Chiaram. 561 (Altieri). — Bernoulli I, 9.

X. BÜSTENZIMMER.

1335 Hadrian.
Brit. Museum. Erz.

1338 Ptolemäus, Sohn Jubas II, König von Mauretanien.
Aus Scherschel (Caesarea). — Louvre. Marmor. — Bull. des ant. afric. 1885, 21. Rev. arch. XIV, 317.

1340 Sokrates und Seneca, Doppelhermenbüste.
Aus Rom, Villa Mattei. — Berlin 391. Marmor. — Arch. Zeit. 1880, 5. Bernoulli I, 24.

1341 Römischer Knabe, Gewandbüste.

1342 (1682) Desgleichen.
Aus Rom. — Berlin, Itzinger. Marmor.

1343 Desgleichen.

1344 (1633) Cicero.
Moderne Copie nach der matteischen Büste, auf antiker Basis mit der Inschrift *M. Cicero an. LXIIII.* — Madrid 191. Marmor. — Bernoulli I, 10. Bm. I, 396.

1347 (1649) Römerin («Clytia»).
Nach dem Mengs'schen Abguss in Dresden. — Brit. Mus., Gr.-R I, 149 (Laurenzano, Townley). Marmor. — Vgl. Hübner Bildn. e. Römerin 1. 2. Bernoulli II, 1 S. 222 f.

1350 Agrippa.
Aus Gabii. — Louvre (Borghese). Marmor. — Bouillon II, 78, 1. Visconti Iconogr. rom. I, 8, 1. 2. Bm. I. 27.

Im Glaskasten am ersten Fenster (Cammeen u. s. w.):

1361 Die sog. Gemma Augustea.
Tiberius pannonischer Triumph vor Augustus und Roma. — Aus Konstantinopel? — Wien 19 (Toulouse, Fontainebleau, Poissy). Onyx. — Arneth Cameen 1. Bernoulli II, 1, 29. Gaz. arch. 1886, 31.

1362 Die sog. Apotheose des Augustus (Camée de la Sainte-Chapelle).
Germanicus Entsendung nach dem Orient durch Tiberius und Livia. — Aus Konstantinopel? — Paris, Cab. d. méd. 188 (Sainte-Chapelle). Sardonyx. — Mongez Iconogr. rom. II, 26. Bernoulli II, 1, 30. Müller-Wieseler I, 69, 378.

1363 Claudius («Tiberius»).
Wien 22. Chalcedon. — Bernoulli II, 1, 28, 2.

1364 Claudierfamilie.
Claudius und Agrippina d. J., Germanicus und Agrippina d. Ä.? — Wien 6. Sardonyx. — Arneth Cameen 7. Bernoulli II, 1, 31.

1365 Sog. Augustus (Constantin II?).
Brit. Museum (Strozzi, Blacas). Sardonyx. — Bernoulli II, 1, 28, 3. Abh. Gött. Ges. XXX, Tafel No. 4.

Im Glaskasten am zweiten Fenster (Phalerae, Gemmen):

1371 Römische Phalerae (Ordensabzeichen); neun Platten.
Aus Lauersfort bei Moers. — Berlin, Antiquarium. Silberblech. — Mon. d. Inst VI, 41. Jahn Lauersf. Phalerae, Tafel.

1372 Bruchstück vom Deckel einer kupfernen Büchse.
Ebendaher. Zu den Phalerae gehörig. — Silberblech. — Jahn a. a. O.

1373 93 verschiedene Gemmenabdrücke.

1374 20 Glaspasten nach antiken Gemmen.

1375** 21 Fragmente von antiken Gemmen.

Die grosse Cades'sche Sammlung von Gemmenabdrücken (8250 Stück) und die sieben Centurien der Impronte gemmarie dell' Instituto befinden sich im Bibliothekzimmer des Instituts.

XI. GANG DER HERA.

Die Auswahl der Kunstwerke in dieser Gallerie ist mit Rücksicht auf die decorative Wirkung vom Lichthofe aus getroffen worden.

1381 (1272) Hera Ludovisi.
Rom, Villa Ludovisi 104 (Cesi). Griech. M. — Ovb. Kunstmyth. 9, 7. 8. Bm. II, 1352.

1382 (1448) Aphrodite von Melos.
Älterer Abguss. Vgl. Hellenist. Saal No. 1100.

1383 (1515) Kopf der Hera, verschleiert.
Rom, Villa Ludovisi 78. Griech. M. — Ovb. Kunstmyth. 9, 12.

1384 (1687) Matrone.
Aus Herculaneum. — Dresden 141 (Elboeuf, Eugen v. Savoien). Parischer M. — Augusteum 19 ff. Müller-Wieseler I, 68, 372.

1385 (1284) Ausschnitt aus einer Statue des bärtigen Dionysos («Sardanapallos»).
Aus dem Albanergebirge, bei Monte Porzio. — Vatican 608. Pentel. M. — Bouillon I, 28. Müller-Wieseler II, 31, 347.

1386 Kanephore.
Von der Via Appia bei Rom, Villa Strozzi. — Brit. Mus., Gr.-R. I, 126 (Montalto, Jenkins, Townley). Pentel. M. — Anc. Marbl. I, 4.

1387 Kopf des Menelaos.
Aus einer Wiederholung der sog. Pasquinogruppe, Menelaos mit der Leiche des Patroklos. — Aus der Villa Hadrians. — Vatican 293 (G. Hamilton). Griech. M. — Bouillon II, 68, 3. Mus. PClem. VI, 18 f.

1391 Kopf des Dionysos.
Aus Smyrna. — Leiden I, 103. Parischer M. — Mon. d. Inst. II, 41, 1. Müller-Wieseler II, 31, 345.

XI. GANG DER HERA.

1392 Diskobol.
Wiederholung der Statue Nikesaal No. 551. — Aus Rom. — Duncombe Park 2 (Vettori, Montalto. Cavaceppi, Locke). Griech. M. — Cavaceppi I, 42. Clarac V, 863, 2196.

1393 Kopf eines Giganten.
Vom Gegner der Hekate auf dem Friese des grossen Altars in Pergamon, vgl. Hellenist. Saal No. 1174. 1187 f. — Berlin, Perg. C. Marmor. — Kekulé Laokoon 2.

1394 (480) Bärtiger Mann («König»).
München 160 (Albani). Parischer M. — Clarac V, 834, 2098.

1395 (1544) Hermenbüste eines Wassergottes.
Aus Pozzuoli (Puteoli). — Vatican 547 (G. Hamilton). Thas. M. — Mus. PClem. VI, 5. Bm. I, 913.

1396 (463) Jüngling, sich salbend.
Wiederholung von Nikesaal No. 551. — Dresden 277 (Chigi). Marmor. — Augusteum 37 f. Mon. d. Inst. XI, 7, 2.

1397 (1663) Relief: Antinous.
Aus der Villa Hadrians. — Rom, Villa Albani 994. Carrar. M. — Bouillon II, 97. Bm. I, 85.

XII. GANG DER GRABDENKMÄLER.

Dieser Gang, der neben dem Nikesaal herläuft, bildet eine Ergänzung zu diesem und dem Hermessaal, insofern er vorzugsweise attische Grabreliefs des vierten Jahrhunderts enthält. Die einheitliche und stillfeierliche Wirkung dieser Monumente mag den Besucher des Museums an den Eindruck der Gräberstrassen erinnern, die den antiken Wanderer aus dem bunten Vielerlei der Städte ins Freie hinaus geleiteten.

Das Material ist, wo nichts Anderes angegeben ist, pentelischer Marmor.

1401 (1095) Leierspielende Sirene, von einem Grabe.
Aus Athen, Dipylon. — Athen, Centralm. 254. — Rev. arch. 1864, 12.

1403 (1042) Grabstele der Malthake.
Aus dem Piräeus. — Piräeus, Museum.

1405 (1019) Grabstele des Schusters Xanthippos.
Aus Athen. — Brit. Museum (Askew, Townley). — Anc. Marbl. X, 33.

1406 Grabstele des Erzgiessers Sosinos von Gortys.
Aus dem Piräeus. — Louvre (Fauvel). — Fröhner Mus. de France 9. Bouillon III cippes 1, 3. Clarac II, 198. 297.

1408 (1053) Sog. Todtenmahl.
Aus dem Piräeus. — Piräeus, Museum. — Vgl. zur Darstellung Arch. Saal No. 156.

1409 (1056) Grabstele des Pyrrias und der Thettale.
Aus Marusi (Athmonon). — Athen, Centralm. 474. Hymett. M. — Caylus Rec. VI, 53, 1.

1410 (1052) Sog. Todtenmahl («Tod des Sokrates»).
Aus dem Piräeus. — Athen, Centralm. 325. — Le Bas 52.

XII. GANG DER GRABDENKMÄLER.

1413 (1081) Grablekythos der Myrrine.
Aus Athen. — Athen, Piat. — Gaz. arch. 1875, 7.

1414 (1009) Grabstele des Demokleides.
Aus Athen. — Athen, Centralm. 95.

1415 Grabmal (Naiskos) der Phrasikleia.
Aus Athen, Dipylon. — Athen, Centralm. 54. — Stackelberg Gräber 1, 2.

1416 (1007) Grabstele des Lisas von Tegea.
Aus Tatoï (Dekeleia). — Tatoï. — Bull. hell. 1880, 7.

1420 (1080) Grablekythos mit Bewaffneten und Frauen.
Aus Athen. — Athen, Centralm. 186. — Arch. Zeit. 1864, 183.

1421 (1005) Grabmal des Dexileos (geb. 414, gest. 394).
In Athen, Dipylon 3312. — Rev. arch. 1863, 15. Murray Hist. II, 30, 2.

1422 Bruchstück von einer ähnlichen Stele.
Aus Chalandri. — Berlin 742. — Arch. Zeit. 1863, 169.

1423 (1205) Reiterrelief.
Aus Griechenland. — Vatican, M. Chiaram. 372 A (Giustiniani, Camuccini). Böot. Kalkstein. — Dodwell Bassir. 8. Arch. Zeit. 1863, 170, 2.

1426 (1030) Grabmal der Hegeso.
In Athen. Dipylon 3332. — Arch. Zeit. 1871, 43. Lübke Plastik I^3, 227.

1427 (1022) Bruchstück der Grabstele eines Mädchens.
Aus Athen, heil. Strasse. — Athen, Centralmuseum.

1428 (1024) Grabstele eines Mädchens mit Puppe.
Aus dem Piräeus. — Athen, Centralm. 156. — Lebas 88, 1. Arch. Zeit. 1871, 53, 1.

1429 (1031) Grabmal einer Frau.
Aus dem Piräeus. — Piräeus, Museum. — Mitchell Hist. 503.

1433 (1032) Grabmal der Ameinokleia.
Aus dem Piräeus. — Athen, Centralm. 74. — Lebas 65.

1434 (1026) Grabmal der Asia.
Aus der Nähe Athens. — Athen, Centralm. 108. — Arch. Zeit. 1873. 8.

1435 Grabmal einer Mutter.
Haag, des Tombes. — Journ. Hell. Stud. 1884 Taf. 30.
1436 Grabmal der Polyxene.
Aus Athen. Dipylon. — Athen. Centralm. 52.

1440 (242) Relief einer Frau.
Nach einem Papierabklatsch. — Aus Rom? — Woburn Abbey 100. — Michaelis Anc. Marbl. zu S. 731.
1441 (1049) Grabmal der Archestrate.
Aus Aexone. — Leiden I. 252 (Gropius). — Janssen GrafreL 1. 1.
1442 Grabstele: Mann und Mädchen.
Athen. Centralm. 113.

1445 (1120) Akroterion von dem Grabe eines Mädchens.
Aus Trachones (Halimus). — Athen. Centralmuseum.

1447 Relief von der Grablekythos des Hegemon aus Epikephisia.
Nach einem Papierabklatsch. — Von der Propontis. — Cambridge. Mus. 22.
1448 (1051) Grabmal der Demetria und der Pamphile.
In Athen. Dipylon 3343. — Arch. Zeit. 1871. 44. Bm. I. 606.
1449 (1041) Grabstele des Glaukias und der Eubule.
Athen. Arch. Ges. 3087. Hymett. M. — Sitzungsber. Berl. Ak. 1882. I. 9.
1450 (1021) Bruchstück einer Grabstele: Handreichung und Amphora.
Aus dem Piräeus. — Piräus. Museum.

1454 (1034) Grabstele des Dion und der Mika.
Aus Athen. Dipylon. — Athen. Centralm. 105.
1455 (1045) Grabmal: Handreichung.
Aus dem Piräeus. — Athen. Centralm. 65. — Bull. hell. 1880. 5.
1456 (1020) Grabstele: zwei Männer.
Aus dem Piräeus. — Piräus. Museum.
1457 Grabmal: Handreichung.
Aus Athen. Dipylon. — Athen. Centralm. 77. — Stark Orient zu S. 334.

XII. GANG DER GRABDENKMÄLER. 65

1461 (1079) Grablekythos des Phädestratos und der Xenarete.
Aus Athen. — Athen, Privatbesitz.

1462 (1014) Grabmal des Telesias.
Aus dem Piräeus. — Piräeus, Museum.

1463 (1016) Grabstele eines Jünglings.
Aus Athen. — Leiden I, 285 (Rottiers). — Stackelberg Gräber 2, 4. Janssen Grafrel. 7, 20.

1464 (1015) Grabmal des Aristion.
In Athen, Dipylon 3337.

1465 Bruchstück von der Grabstele eines Jünglings.
Athen, Centralm. 7.

1466 (1010) Grabstele eines Jünglings.
Grottaferrata. — Ann. 1855, 15.

Über der Thür:

1470 Hund, von einem Todtenbette.
Aus Pydna. — Louvre. Marmor. — Heuzey Macéd. 20.

VERGLEICHUNG

DER NUMMERN VON FRIEDERICHS-WOLTERS MIT DEN NUMMERN DER STRASSBURGER SAMMLUNG.

F.-W.	Str.	F.-W.	Str.	F.-W.	Str.	F.-W.	Str.	F.-W.	Str.	F.-W.	Str.	F.-W.	Str.
1	50	149	143	422	1117	518	542	1032	1433	1249	703	1422	1196	1586	1161
2	47	150	142	423	1124	519	595	1034	1454	1250	705	1425	1200	[1594]	1162
3	48	211	235	425 f.	1119	520	620	1041	1449	1251	701	1430	725	1597	737
5	46	212	271	429	1130	527	451 ff.	1042	1406	1260	702	1431	1199	1599	545
6	52	213	272	432 f.	1134 f.	528	464 ff.	1045	1455	1261	706	1438	1281	1600	541
8	84	214	270	439	207	534 ff.	411 ff.	1049	1441	1263	740	1448	1100	1602	774
14	98	215	300	440	224	547 ff.	416 ff.	1051	1448	1264	778	1451	1382	1621	1064
20	91	216	600	444	230	571 ff.	325 ff.	1052	1410	1265	792	1454	1286	1622	1150
21	90	218	566	445	229	595 ff.	341 ff.	1053	1408	1266	795	1457	734	1627	1155
23 ff.	71 ff.	219 f.	275	448	1141	611 ff.	365 ff.	1056	1409	1268	796	1459	733	1628	1156
34	60	221	276	449	1142	647 ff.	391 ff.	1079	1461	1269	798	1461	1095	1629	1151
35	92	224	280	452	294	667 ff.	353 ff.	1080	1420	1272	777	1463	1096	1633	1344
36	89	225	568	453	295	726	435	1081	1413	1274	1381	1467	1282	1636	1321
41	201	228	279	454	290	741	304	1095	1401	1275	848	1471	1094	1640	1236
43	102	231	113	455	291	747 ff.	445 f.	1120	1445	1281	728	1473	1099	1645	1338
44	101	232	119	456	292	750 ff.	447	1129	315	1283	853	1475	544	1649	1347
47	107	236	823	457	1111	753 ff.	449 c.	1132	508	1284	711	1476	874	[1662]	1263
49	109	238	218	459	296	756 ff.	448	1143	511	1285	1385	1489	832	1663	1397
50	159	240	66	460	573	761 ff.	471 ff.	1146	513	1288	1238		1273	1682	1342

51	921	241	95	462	288	810	490	1152	510	1291	739	1490	1270	1687	1384
54	156	242	1440	463	1396	819	485	1157	319	1307	765	1491	1274	1745	833
55	148	244	338	465	551	877	846	1160	532	1309	1157	1494	1112	1747	839
58	149	245 ff.	[128	466	309	880 ff.	648 f.	1161	531	1310	581	1496	1276	1750	836
60	150	260 ff.	133 ff.	467	308	883	625 ff.	1165	533	1311	583	1497	1275	1751	831
61	151	271	257 ff.	471	310	913 ff.	661 ff.	1167	317	1312	1081	1504	1178	1781	1179
63	152	273	267	480	1394	932 ff.	670 ff.	1172	316	1316	766	1511	1115	1822	762
66	154	280	266	481	302	987	660	1182	518	1318	770	1515	1383	1825	1239
69 ff.	{122 ff.	281	268	484	571	993	651	1186	405	1319	771	1520	1317	1839	505
	241 ff.	294 f.	269	485	1293	994	652	1188	528	1321	1292	1521	850	1840	504
86	253	307	125	486	574	995	653	1196	520	1324	788	1522	1302	1843	1144
88	273	311	173	487	572	997	654	1197	1423	1328	768	1523	1083	1844	1143
89	97	316	117	496	547	1005	1421	1198	553	1358	1085	1525	1252	1855	1220
90	816	321	118	497	546	1006	440	1200	718	1359	1096	1526	1250	1856	776
93	146	322	847	498	501	1007	1416	1205	719	1360 ff.	1087 ff.	1527	1249	1865	1061
96	205	323	1307	499	564	1009	1414	1208	720	1366	1084	1531	1082	1871	801
97	204	337	1308	500	589	1010	1466	1210	743	1396	1167	1540	791	1875	1118
99	200	338	165	501	590	1014	1462	1211	730	[1398]	1387	1541	1248	1877	802
100	195	340	166	503	606	1015	1464	1212	724	1401	1194	1543	1168	1891 f.	1221
101	192 f.	341 ff.	177	504	607	1016	1463	1214	745	1403	1183	1544	1395	1895	1072
102	202	351	178 ff.	506	588	1017	780	1215	721	1405	1184	1560	1237	[1933 ff.]	1223 ff.
106	220	356	463	508	605	1019	1402	1216	759	1408	1182	1561	1230	1993 f.	867 f.
[108]	812	357	820	509	555	1020	1456	1217	761	1411	1181	1564	1316	1998	851
109	214	358	811	510	576	1021	1450	[1218]	751	1412	1192	1565	1313	2006	869
119	197	[359]	818	511	577	1022	1427	1221	758	1414	1171	1567	1312	2114	1125
120	209	365	817	513	609	1024	1428	1222 ff.	763	1415	1172	1573	1170	2143	1140
121 f.	284 f.	418 f.	168	514	557	1026	1434	1237		1416	1271	1578	1101	2150	1215
127 ff.	65	420	226	515	558	1030	1426	1240		1417	1272	1579	1256		767
131 ff.	67		523	516	561	1031	1429	1246		1419	1191	[1582]	1214		

BEZUGSQUELLEN DER ABGÜSSE.

(Vgl. das Verzeichnis der Gönner S. VI.)

Die eingeklammerten Nummern bezeichnen kleinere zur Ergänzung verwandte Bruchstücke.

Aachen, durch Herrn Hauptmann a. D. Berndt: 1238.
Athen, Martinelli: 71—80. 92. 98. 101 f. 107. 146. 150—156. 159.
192. 195—200. 202. 207. 211. 214. 220. 226. 275. 292. 298. 304.
308. 320. (331 f.) 366. 368—370. 373. (376.) 381. 392. (393.) 396.
(398.) 405. 416. 420. (426 f.) 428. 445 f. 451—459. 471 f. 474—
477. 508. 511. 513. 528. 544. 566. 607. 779 f. 783. 846. 981.
1220 f. 1401. 1410—1421. 1426. 1433 f. 1436. 1442. 1448. 1454 f.
1457. 1461. 1465.
Berlin, Eichler: 301. 572. 581. 583. 713. 800. 1104. 1106. 1266. 1282.
1296. 1382.
Berlin, Kgl. Museum: 41. 46. 50. 52. 90 f. 95. 99. 111. 113—115.
118. 125. 128. 133—137. 143. 148 f. 158. 165—180. 186. 191.
193. 204 f. 209. 237. 256—258. (266 f.) 268—270. 284 f. 309.
315—319. 463. 473. 478. 505 f. 512. 521. 529—533. 546 f. 588.
606. 609. 701. 715. 719 f. 765—767. 775. 784. 786. 804. 811. 813.
816—820. 822. 824. 833. 835. 840. 847. 850. 853. 857. 1071 f.
1095. 1130. 1152. 1156. 1170. 1172—1175. 1181 f. 1184—1188.
1200. 1230. 1236. 1239. 1281. 1287. 1293. 1295. 1305—1308. 1313.
1322. 1340. 1342. 1344. 1371 f. 1381. 1383. 1393. 1397. 1406—
1409. 1422 f. 1428 f. 1441. 1445. 1449 f. 1456. 1462—1464.
Braunschweig, Herzogl. Museum: 869.
Dresden, Kgl. Museum: 109. 230. 271. 525. 542. 551. 568. 577. 589.
595. 745. 778. 870. 1061. 1096. 1124. 1284. 1292. 1347. 1384 f.
1396.
Frankfurt a. M., Ant. Vanni: 300. 582. 591. 703. 705. 785. 788. 791 f.
795. 798. 837 f. 867 f. 1082. 1094. 1099. 1101. 1115. 1140. 1142.
1153 f. 1171. 1178 f. 1192—1199. 1247. 1251. 1255. 1263. 1270—
1272. 1280. 1294. 1325. 1387. 1391.
Frankfurt a. M., Herr O. Donner-v. Richter: 731.
St. Germain, Lasnon: 1231.
Karlsruhe, aus K. Steinhäusers Nachlass: 485. 592. 599. 732. 801—
803. 806—808. 810. 834. 842. 848 f. 852. 854—856. 858—866.
871—875. 901—904. 1034—1057. 1073—1075. 1119. 1134—1136.

BEZUGSQUELLEN DER ABGÜSSE.

1183. 1213. 1222—1228. 1254. 1256. 1258. 1283. 1285. 1288. 1301. 1311. 1321. 1331. 1341. 1343. 1361.
Kassel, höhere Gewerbeschule: 1232.
Kassel, Kgl. Museum: 575 f.
London, Brucciani: 47 f. 53. 61—65. 67. 97. 110. 112. 184 f. 187. 224. 276—279. 294. 302. 310. 325—335. 341—365. 367. 371 f. 374—378. 380. 382—391. 393—396. 398—400. 411—415. 417—419. 421. 426 f. 429 f. 435—440. 447—450. 490. 555. 573. 590. 594. 596. 605. 613. 625—649. 660—667. 702. 711. 721. 728. 739. 751—761. 774. 794. 1062 f. 1110—1112. 1126. 1143. 1151. 1155. 1163. 1205—1211. 1214. 1246. 1250. 1312. 1316. 1318. 1324. 1335. 1386. 1392. 1402.
London. Ready: 100.
München, Akademie der Künste: 116. 119. 288. 295. 718. 730. 773. 782. 821. 831 f. 836. 841. 851. 1064. 1129. 1131. 1133. 1161. 1274—1276. 1317. 1330. 1394.
München, polytechnische Schule: 122—124. 241—253. 737. 740. 776.
Neapel, Sabatino de Angelis: 1069.
Paris, Ecole des Beaux-Arts: 286 f. 303. 468. 518. 520. 571. 612. 733. 762. 1065. 1067. 1116. 1132. 1141. 1158. 1215. 1233. 1240 f. 1362—1365. 1466.
Paris. Louvre: 56. 60. 83 f. 88 f. 104 f. 142. 201. 215. 266 f. (331.) 401. 460. 464—467. 510. 553. 561. 724 f. 743. 768. 770. 790. 1083. 1085. 1100. 1117 f. 1125. 1144 f. 1157. 1162. 1242. 1259 f. 1297. 1338. 1356. 1403. 1470.
St. Petersburg, Ermitage: 1245.
Rom, Contini: 501.
Rom, Malpieri: 94. 141. 162. 194. 229. 235 f. 272. 280. 290 f. 557. 597. 608. 706. 763. 777. 1081. 1105. 1150. 1167 f. 1191. 1237. 1248. 1302. 1395.
Rom, durch persönliche Vermittelungen: 614. 734. 1249. 1273. 1291. 1327.
Venedig, Richetti: 1127 f.
Wien, Akademie der Künste: 66. 296. 338. 379. 564. 651—654. 771. 809. 1084. 1086—1090.
Wien, Antikenkabinet: 218. 1286.
Wien, österreichisches Museum: 504. 523. 823. 839. 1427.
Würzburg, Wagnersches Institut: 538.